Ghassan Abed

Gestão do tráfego de rede

Ghassan Abed

Gestão do tráfego de rede

ScienciaScripts

Imprint
Any brand names and product names mentioned in this book are subject to trademark, brand or patent protection and are trademarks or registered trademarks of their respective holders. The use of brand names, product names, common names, trade names, product descriptions etc. even without a particular marking in this work is in no way to be construed to mean that such names may be regarded as unrestricted in respect of trademark and brand protection legislation and could thus be used by anyone.

Cover image: www.ingimage.com

This book is a translation from the original published under ISBN 978-620-6-77299-6.

Publisher:
Sciencia Scripts
is a trademark of
Dodo Books Indian Ocean Ltd. and OmniScriptum S.R.L publishing group

120 High Road, East Finchley, London, N2 9ED, United Kingdom
Str. Armeneasca 28/1, office 1, Chisinau MD-2012, Republic of Moldova, Europe
Printed at: see last page
ISBN: 978-620-7-80097-1

TO
AS MINHAS FILHAS,
O MEU FILHO,
ESTE LIVRO
IS
CARINHOSAMENTE DEDICADO

ÍNDICE DE CONTEÚDOS

CAPÍTULO UM

PROTOCOLO DE CONTROLO DA TRANSMISSÃO

O Protocolo de Controlo de Transmissão (TCP) é uma linguagem de comunicação básica e um protocolo orientado para a ligação ligado à camada de transporte. O TCP inclui uma coleção de regras e procedimentos para controlar a comunicação através de ligações. Muitas variantes do TCP foram modificadas e desenvolvidas para satisfazer os requisitos das comunicações. A maioria das versões actuais do TCP inclui um conjunto de algoritmos para controlar o congestionamento das ligações críticas na rede, a fim de melhorar o seu rendimento (Qureshi 2009). Ultimamente, o TCP tem crescido rapidamente para satisfazer a procura crescente de transferência de meios de comunicação através de ligações de alta velocidade, que são executadas sobre o TCP.

Além disso, o TCP concebido para redes com fios também pode ser utilizado em redes sem fios devido às suas características importantes, como o controlo do fluxo, a fiabilidade, o controlo do congestionamento e a gestão das ligações de rede. O TCP é capaz de ajustar o tamanho da janela de congestionamento para melhorar o desempenho, mas isso pode causar uma maior degradação do desempenho. Isto representa um problema grave nas redes móveis, que registam rápidas alterações topológicas (Henna 2009).

Desde que os sistemas celulares de primeira geração invadiram o mercado, o problema dos serviços de dados surgiu e expôs os utilizadores a muitos desafios.

Por outro lado, o desenvolvimento da plataforma de acesso via rádio nos novos sistemas celulares minimizou esses desafios e abriu caminho para a próxima geração de sistemas celulares. Para além da 3G, a 4G tem continuado a receber muita atenção para responder às necessidades de dados de alta velocidade dos mercados de mobilidade sem fios. Com a evolução das tecnologias 3G, o TCP tornou-se mais importante e popular no fornecimento de dados às aplicações extremo-a-extremo. Esta popularidade obrigou os criadores e investigadores a propor muitas técnicas para melhorar o desempenho do TCP nas redes sem fios. Consequentemente, foram propostas muitas abordagens, como a retransmissão sobre a camada de ligação, que notifica o remetente do TCP sobre as condições de rede existentes, ou versões do TCP com mecanismos adicionais.

De facto, os criadores de redes móveis estão seriamente empenhados em melhorar o desempenho do TCP de todas as gerações móveis. Além disso, os criadores estão motivados para melhorar o TCP de modo a obter uma melhor conceção para o acesso via rádio 3G e para além das redes 3G, de modo a obter um melhor funcionamento com recursos de rádio inadequados. Além disso, os criadores estão a trabalhar no sentido de otimizar o TCP para aumentar as taxas de dados exigidas pelos utilizadores das redes. Vale a pena referir que as optimizações do TCP podem melhorar o desempenho dos recursos da rede e fornecer serviços óptimos aos utilizadores com um baixo nível de manutenção (Modi 2008).

1.1 Conceito de camadas e camada de transporte

As funções e aplicações de comunicação estão divididas em camadas, e cada dispositivo ou terminal nestas camadas tem uma "pilha" atribuída. Isto permite a cada camada comunicar e dirigir-se à pilha correspondente noutras camadas. Além disso, cada camada lida com outras duas camadas, abaixo e acima dela. Por conseguinte, a abordagem por camadas é um método para redesenhar o sistema de comunicação verticalmente. Além disso, os serviços ou as funções fornecidos por qualquer camada dependem exclusivamente da camada abaixo dela. Além disso, cada camada da pilha tem um par que interage com a mesma camada em diferentes nós da rede (MIT6.02 2010).

Na década de 1980, a Organização Internacional de Normalização (ISO) desenvolveu um modelo para um sistema de rede, designado por modelo OSI (Open Systems Interconnection). Este modelo tem sete camadas e é maioritariamente utilizado como referência no mundo das redes, como mostra a Figura 1.1 (Shirazi 2009).

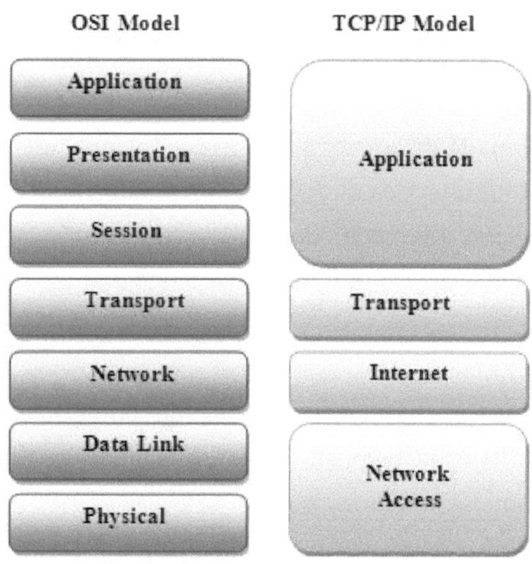

Figura 1.1 Modelo OSI e modelo TCP/IP

Da mesma forma, o modelo TCP/IP também tem quatro camadas, conforme ilustrado na Figura 1.1. Embora o modelo TCP/IP não seja amplamente utilizado, a sua estratificação ajuda na conceção de protocolos, porque os protocolos que funcionam numa camada específica definem a informação sobre a qual actuam e definem a interface para as camadas acima e abaixo.

Além disso, impede que as alterações tecnológicas ou potenciais numa camada afectem outras camadas acima e abaixo. O modelo padrão de camadas utilizado no modelo OSI inclui sete camadas, como mostra a Figura 1.1 (Alex 2006).

As funcionalidades de cada camada são explicadas de seguida:

1. A camada de aplicação é muito limitada e tem um papel pequeno, apenas fornece serviços ao utilizador final, como correio eletrónico e outras aplicações Internet.

2. A camada de apresentação é responsável pela gestão dos dados, pela entrega dos dados e pela formatação dos dados da camada superior (camada de aplicação), como a conversação, a compressão e a descompressão dos dados.

3. A camada de sessão gere os processos de aplicação do utilizador final e as sessões de comunicação com base no pedido e na resposta entre aplicações como, por exemplo, a autenticação/autorização.

4. A camada de transporte garante a transferência de dados para os terminais extremo-a-extremo e fornece outros serviços, como o controlo do débito, a fiabilidade e a orientação da ligação do fluxo de dados.

5. A camada de rede transfere diferentes sequências de dados da origem para o destino através de uma ou várias redes ao mesmo tempo. Além disso, mantém a tarefa de Qualidade de Serviço (QoS) e é responsável pelo encaminhamento de pacotes e pelo encaminhamento dentro dos encaminhadores intermédios.

6. A camada de ligação de dados é responsável pela transferência de dados entre as entidades da rede e fornece pacotes de transmissão/receção. Além disso, resolve endereços de hardware para detetar o erro na correção que pode ocorrer na camada física.

7. A camada física é a camada mais complexa do modelo OSI e inclui os principais materiais de hardware utilizados para a transmissão de dados na rede, nomeadamente os cabos físicos, a ligação aérea e o meio de transmissão.

A quarta camada do modelo de camadas é a camada de transporte, que é responsável pela transmissão de serviços entre duas aplicações na rede. Estas aplicações incluem o protocolo de transferência de correio simples (SMTP), o início de sessão remoto, como o programa de emulação de terminal para redes TCP/IP (TELNET), a transferência de ficheiros, como o protocolo de transferência de ficheiros (FTP), os navegadores Web, como o protocolo de transferência de hipertexto (HTTP), os sistemas de ficheiros remotos, como o sistema de ficheiros de rede (NFS), a tradução de nomes para endereços, como o sistema de nomes de domínio (DNS), e a transmissão de voz e vídeo (Antila 2005).

Alguns protocolos são orientados para a ligação, o que significa que a camada de transporte pode preservar o rasto dos pacotes e retransmitir os outros pacotes que não conseguem chegar. O exemplo mais conhecido da quarta camada é o TCP. Em princípio, a aplicação pode mudar facilmente do TCP para qualquer outro protocolo, especialmente quando o outro protocolo oferece uma semântica semelhante à do TCP (entrega fiável e em ordem). Assim, uma das vantagens da estratificação é a possibilidade de mudar uma camada sem que as outras camadas tenham de mudar, desde que o serviço prestado pela camada continue completo (MIT6.02 2010).

1.2 Protocolo de controlo de transmissão típico

Além disso, o TCP divide o fluxo de dados sequenciado em pacotes e confirma a entrega dos pacotes com a possibilidade de perda de camada IP, retransmissão, reordenamento ou duplicação de pacotes, e monitoriza a capacidade da banda de rede para evitar congestionamentos.

Cada emissor TCP pode regular o tamanho da janela de congestionamento utilizando o mecanismo de controlo de congestionamento e o TCP pode regular dinamicamente o tamanho da janela, dependendo do reconhecimento de pacotes (ACK) ou da ocorrência de perdas de pacotes. Se a janela de congestionamento for constante, o tempo de ACK dos pacotes enviados depende do ACK do primeiro conjunto de pacotes (pacotes iniciais).

Além disso, a janela TCP também depende do relógio ACK e calcula a taxa de fluxo do remetente, e quando o tempo necessário para enviar o pacote e receber o ACK -Round Trip Time (RTT) - muda com valores diferentes, a janela deslizante TCP determina a média da taxa de transmissão da janela completa por RTT médio. A Figura 1.2 ilustra um exemplo de três pacotes transmitidos pelo remetente TCP e reconhecidos com ACK separados pelo recetor TCP.

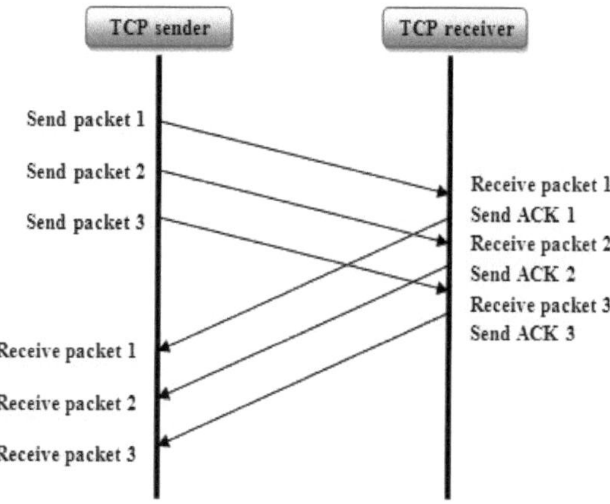

Figura 1.2 Três pacotes transmitindo e reconhecendo usando TCP

A janela de transmissão controla de forma dependente os ACK recebidos para cada RTT e os parâmetros e o mecanismo de controlo indicam as diferenças gerais entre as versões TCP. Este controlo é utilizado para obter uma taxa elevada de pacotes com um mínimo de perdas, evitando a sobrecarga da rede e, ao mesmo tempo, permite uma partilha óptima da largura de banda da rede entre as ligações (Möller 2005).

Como já foi referido, foram desenvolvidas muitas variantes do TCP para diferentes redes e aplicações. O TCP Tahoe e o TCP Reno são sobretudo aplicados em muitas aplicações com e sem fios, porque incluem mecanismos eficazes de controlo do congestionamento.

Estes mecanismos proporcionam janelas de congestionamento de dimensão diferente consoante o estado do ACK. Assim, quando os pacotes são confirmados, o tamanho da janela aumenta, ou diminui quando os pacotes detectados são perdidos. No TCP Tahoe, Reno e Vegas (Vegas é uma das variantes anteriores do TCP), o algoritmo de controlo do congestionamento permite que o tamanho da janela aumente um segmento em cada RTT. Este incremento pára quando o tamanho da janela atinge o ponto de congestionamento.

Basicamente, o TCP procura dar fiabilidade aos dados transmitidos entre dois hospedeiros e tenta aplicar um conjunto de regras para lidar com a perda de pacotes, que resulta de erros físicos na transmissão ou devido ao congestionamento no tráfego cruzado (Moraru et al. 2003) na Internet ou em sistemas celulares. A fiabilidade prevista dificilmente é alcançada pelo TCP porque não é fácil determinar a largura de banda disponível para o fluxo de pacotes TCP, devido à complexidade de indicar os efeitos do controlo de congestionamento do TCP e da rede de forma dinâmica (Abrahamsson et al. 2002).

Além disso, é essencial compreender o comportamento e as abordagens do TCP para melhorar o seu desempenho em canais sem fios. Consequentemente, foram efectuadas muitas investigações a este respeito, embora alguns dos problemas já tenham sido resolvidos, mas muitas outras questões continuam por resolver (Antila 2005).

As secções seguintes ilustram as principais características e parâmetros do TCP normalizado, que desempenham um papel importante no controlo da transmissão de pacotes e na regulação do comportamento da janela de congestionamento.

1.3 Tempo de ida e volta e tempo limite

Cada pacote é enviado de uma fonte para o destino e espera para receber o aviso de receção, estes procedimentos necessitam de um período de tempo para serem concluídos. O RTT representa o tempo decorrido entre o envio de dados e a receção de um ACK (Siyan et al. 2002). Por outras palavras, se tivermos dois nós, A e B, o tempo necessário para transmitir um pacote de A para B e o tempo necessário para receber o ACK pelo nó A para efetuar a transmissão ou detetar a perda de pacotes é designado por RTT. Isso significa que, em cada ligação, o RTT deve ser igual a duas vezes a latência da ligação ou o atraso de propagação dessa ligação (Sharma 2006). O valor do RTT e o atraso de propagação representam o principal fator e o parâmetro básico de cada topologia de rede, seja em redes reais ou em modelação.

O TCP mede continuamente o tempo de reconhecimento dos pacotes, a fim de distinguir os pacotes que não chegaram ao destino (Mahmoodi 2009). Se o pacote transmitido do remetente TCP para o anfitrião correspondente precisar de tempo para verificar a transmissão através da receção de ACK e se o remetente TCP não obtiver resposta (ACK) num período específico, o remetente supõe que o pacote já foi perdido e que o pacote será reenviado novamente. No controlo do congestionamento, o TCP é executado de forma independente em intervalos de tempo de RTT em cada ligação. O objetivo é estimar a necessidade de débito do lado do remetente e ajustar a janela do recetor em conformidade. Além disso, o RTT é necessário para estimar o débito, porque, por vezes, o débito da ligação não aumenta mesmo quando a ligação tem capacidade extra (Wu et al. 2010).

Significativamente, o mecanismo de suporte do TCP no lado do remetente ajuda a estimar o RTT ótimo do período do pacote numa determinada ligação, e este mecanismo é utilizado para estimar o período de Timeout (RTO) apropriado (Sarolahti & Kuznetsov 2002). Com cada pacote transmitido, há um temporizador, e quando o pacote precisa de um período normal ou quando o tempo do pacote expira, ocorre o timeout e o remetente do TCP deve reenviar o pacote com novo período.

Assim, cada pacote tem um RTT para enviar do remetente TCP para o seu par e depois responder ACK, juntamente com um RTO para detetar a decisão de retransmitir os pacotes não reconhecidos (Antila 2005).

Do mesmo modo, o remetente TCP monitoriza cuidadosamente o RTT na rede para detetar o início do congestionamento e, quando se verifica um aumento súbito do atraso extremo-a-extremo, este é designado por sinal de congestionamento implícito. Isto ajuda a detetar rapidamente o congestionamento, muito antes de ocorrerem perdas de pacotes (Podlesny & Williamson 2010).

O tempo limite da falsa retransmissão quebrará as regras de conservação da transmissão de pacotes. Estas regras necessitam do número de pacotes expectantes que foram separados do ajustamento efectuado pelo controlo do congestionamento. No entanto, após o tempo limite de retransmissão, o remetente do TCP procede a fases de arranque lento para cada pacote e, em seguida, a janela de congestionamento voltará ao tamanho inicial após o tempo limite, o que minimiza o desempenho do TCP (Sarolahti 2007). Normalmente, cada implementação do TCP deve depender dos pacotes transferidos e do RTT estimado. A estimativa do RTT é um fator muito importante para avaliar o desempenho do TCP, e todos os processos de implementação dependem dos pacotes perdidos e da retransmissão desses pacotes.

Karn e Partridge (1987) iniciaram o desenvolvimento do TCP, quando publicaram um manuscrito sobre a melhoria do RTT no TCP. No entanto, não o registaram como RFC, mas investigaram algumas implementações do TCP. Mais tarde, o mecanismo desenvolvido foi registado como RFC 1122 e combinado com o mecanismo de Jacobson (1988) para lidar com o congestionamento nas ligações de rede. O RFC é o acrónimo de Request for Comments (pedido de comentários), iniciado em 1969 como uma série de eventos para a Internet e cada novo melhoramento, aditamento ou modificação é recomendado por um número RFC.

De facto, Jacobson (1988) supôs um impacto significativo no conceito de TCP. Jacobson propôs um novo mecanismo para ajustar o período de timeout, que permite ao TCP executar um filtro passa-baixo no último RTT para calcular o próximo.

Este algoritmo ainda é utilizado pela maioria das versões actuais do TCP (Haeri & Rad 2004). Entre todas as variantes de origem do TCP, apenas o TCP Vegas não suporta o algoritmo de controlo de congestionamento desenvolvido por Jacobson, mas aplica outro controlo de congestionamento baseado na estimativa do RTT. No entanto, o mecanismo de controlo de congestionamento do Vegas pode fornecer a mesma taxa de pacotes, mas apenas com pequenos tráfegos de rede (Sing & Soh 2005). Na prática, o Vegas estima a diferença entre a entrada real e a taxa de pacotes esperada (Chan et al. 2004).

1.4 Orientado para a ligação

O TCP é um protocolo que proporciona uma ligação fiável para ligações de extremo a extremo, utilizando algoritmos para confirmar a fiabilidade das ligações, solicitando o aviso de receção ao destinatário. Por esse motivo, o TCP utiliza um protocolo da camada de transporte, porque fornece uma ligação orientada para a conexão e entrega de forma fiável os pacotes transferidos através de ligações não fiáveis. É de salientar que o TCP não se baseia na outra camada inferior da rede, mas depende das especificações das ligações (Subedi et al. 2008; Rahman et al. 2008).

De um modo geral, o TCP é um protocolo muito complicado, mas fornece fiabilidade, garantia e ligação para o fluxo de dados em todas as suas aplicações, uma vez que explora o reconhecimento do recetor para determinar a necessidade de retransmissão de pacotes. Por outro lado, o recetor TCP pode regular o fluxo de dados do remetente regulando o tamanho da janela de forma a evitar o transbordamento (Qureshi et al. 2009).

Além disso, o TCP pode fornecer sincronização para um grande número de conexões (Swales 1999). Além disso, a facilidade orientada para a conexão permite que os utilizadores enviem pacotes apenas quando a ligação entre os dois anfitriões é estabelecida e, neste ponto, o TCP permite a troca de dados entre pares TCP.

As ligações TCP incluem três fases principais: estabelecimento da ligação, transmissão de dados e terminação da ligação. No estabelecimento da ligação, o cliente tenta associar-se ao servidor correspondente, enquanto o próprio servidor tem de estar ligado a outras portas e pronto a abrir as ligações; este processo é designado por abertura passiva e, quando a abertura passiva é estabelecida, o cliente inicia a abertura ativa.

A última extremidade entre cada par TCP é designada por "socket". O socket é definido como a integração entre a origem e o destino dos endereços e portas dos anfitriões, e cada pacote que chega deve ser identificado com um socket correspondente. Todos os pares TCP estão diretamente ligados a outros através de uma ligação por socket e todos os pacotes podem escrever e ler em qualquer socket da camada de transporte através da sua interface com a camada IP, que lhe está subjacente na estrutura de camadas.

1.5 Entrega fiável

O fluxo de dados TCP é dividido em sequências de pacotes e garante uma entrega fiável quando os pacotes são perdidos ou duplicados, o que evita que a rede atinja o estado de congestionamento ou sobrecarga (Möller 2005). O TCP foi concebido com a conveniência da aplicação, para fornecer um serviço de entrega fiável, e quando a rede perde um segmento, o TCP deve armazenar em buffer e atrasar todos os segmentos através do RTT seguinte, até que o remetente retransmita com êxito o segmento perdido (Iyengar et al. 2011).

Após a entrega dos pacotes, estes são novamente montados na sua forma normal. Este processo é muito complexo, devido ao problema da perda dos pacotes relacionados durante o período de transmissão, o que obriga o TCP a determinar os pacotes perdidos e a retransmitir novamente os pacotes perdidos. Quando o TCP cobre totalmente as perdas de pacotes, a duplicação de pacotes, os pacotes atrasados, a corrupção de dados, a sincronização da transmissão e o congestionamento de dados, o conjunto destes procedimentos representa a entrega fiável do TCP.

A sobreposição funcional entre as camadas de rede e de transporte reduz a tensão no tráfego das redes, pelo que a camada de rede pode também fornecer serviços de entrega fiáveis. Mas a principal vantagem advém do TCP, quando a rede obtém o débito total de transmissão ao mesmo tempo, com a garantia de evitar congestionamentos, e também assegura que todas as aplicações funcionem em cooperação com outras ligações e terminais. Espontaneamente, surgem muitos problemas novos durante a utilização do TCP em redes heterogéneas. Além disso, muitos investigadores que lidaram com o TCP em canais sem fios provaram que o TCP nem sempre sofre de pacotes em falta, devido às ligações sem fios, mas também devido aos serviços de entrega inadequados introduzidos pelas camadas inferiores.

Essencialmente, a retransmissão TCP ocorre não só porque os pacotes se perdem ou o tempo limite expira, mas também por razões físicas. No entanto, todas estas razões levam o remetente do TCP a uma fase de arranque lento desnecessária e a reenviar segmentos. Apesar disso, o TCP é capaz de fornecer uma entrega orientada fiável para o fluxo de dados, mas não atribui explicitamente a QoS (Hughes 2006). Por exemplo, se alguns segmentos se perdem, o TCP assume que a perda se deve ao congestionamento da ligação, mas por vezes a perda de segmentos também se deve à má conetividade entre a fonte e o terminal do utilizador (Welzl et al. 2005).

1.6 Controlo do fluxo

Na prática, o TCP é responsável por fazer corresponder a taxa de transmissão entre a origem e o destino na rede. Além disso, também explora a capacidade máxima da largura de banda do canal para obter um bom desempenho. Por conseguinte, o TCP padrão utiliza o mecanismo de controlo do fluxo para regular o fluxo de dados (Sanadhya & Sivakumar 2011). Ultimamente, estão a ser transmitidos grandes volumes de dados através das redes, o que acabou por criar a necessidade de controlo do fluxo e do congestionamento. Além disso, os sistemas modernos exigem uma utilização eficiente, fiável e equitativa, a fim de evitar a colisão de dados que pode resultar do congestionamento.

Para controlar o fluxo de pacotes, o TCP utiliza janelas para gerir a taxa de fluxo de pacotes e para detetar congestionamentos na rede.

A maior parte das versões do TCP (exceto o Vegas) controla o tamanho da janela (aumentando ou diminuindo), fazendo com que o remetente altere o tamanho da janela em função do método utilizado para evitar congestionamentos (Bajkó et al. 2004). No entanto, cada TCP é obrigado a utilizar um mecanismo de sintonização manual, para ajustar os buffers e fornecer uma escala significativa para o caminho da rede (Fisk & Feng 2001). Cada ligação inclui um buffer para receber pacotes, mas estes buffers têm um tamanho limitado e torna-se arriscado se excederem os limites permitidos ou se os pacotes fluírem mais rapidamente do que o tempo de leitura normal dos buffers. No entanto, muitos protocolos resolveram estes problemas, incluindo o TCP, utilizando o mecanismo de controlo do fluxo para evitar a sobrecarga da memória intermédia.

O fluxo TCP é controlado com base nos pontos do recetor TCP no buffer do remetente e na capacidade disponível no buffer do recetor. Este mecanismo também obriga o remetente a fixar a quantidade real de pacotes que deve preparar para o pipeline da ligação. Esta quantidade deve ser igual ou inferior ao espaço disponível no buffer do recetor.

A transferência de dados entre o emissor e o recetor requer um elevado grau de sincronização e compatibilidade para organizar o processo de transmissão. Assim, o controlo de fluxo TCP permite o envio de pacotes do emissor para o recetor através da sua correspondência total e tendo em conta a taxa de leitura do recetor.

O controlo do fluxo TCP organiza o tamanho da janela deslizante, mas a eficiência do controlo do fluxo diminui devido ao tamanho do buffer do recetor. Por outras palavras, mesmo que o mecanismo de controlo do fluxo possa proporcionar uma janela grande, o tamanho limitado dos buffers pode degradar o desempenho total da transmissão de dados (Luglio et al. 2004).

O controlo do fluxo não pode limitar de forma independente o congestionamento, porque o TCP recebe uma grande janela de pacotes, enquanto a janela de receção é limitada.

Consequentemente, a taxa de envio e o controlo do fluxo estão diretamente relacionados com o controlo do congestionamento e os dados transmitidos estão relacionados com as condições de controlo do congestionamento (Carney 2008). Por conseguinte, muitos investigadores propuseram uma série de alterações em termos de controlo do fluxo e do congestionamento para obter um TCP adaptativo, que possa ser fiável para as redes de telecomunicações modernas. Essas modificações tornaram-se agora requisitos, como os mecanismos de arranque lento e de prevenção de congestionamento. Estes dois algoritmos estão incluídos na maioria das variantes do TCP para resolver alguns riscos nas ligações de rede (Corral et al. 2000.

1.7 Janela de correr

O TCP utiliza a janela deslizante para controlar o fluxo de pacotes, detectando a quantidade real de pacotes que estão prontos para serem recebidos pelo anfitrião TCP num determinado momento. Além disso, a janela deslizante determina o fluxo máximo de pacotes do emissor TCP para o recetor sem confirmação. A janela deslizante é a técnica que permite ao remetente TCP enviar um certo número de pacotes mesmo sem obter a confirmação necessária. A técnica da janela deslizante permite a transmissão automática de vários pacotes e controla o envio de pacotes para evitar a sobrecarga da memória intermédia no recetor. Geralmente, cada pacote transferido contém o número de sequência e a organização dos bytes no estado de envio.

No entanto, no estado de receção, os pacotes incluem o aviso de receção dos bytes que foram recebidos com sucesso. Isto significa que a linha de transmissão é constituída por duas vias de transmissão de pacotes (bidirecional), uma para o número de sequências e outra para os avisos de receção. De facto, estas duas funções são muito importantes para facilitar as ligações de comunicação entre os hospedeiros TCP e para garantir que todos os pacotes enviados são recebidos com sucesso e em sequência ordenada.

Sem qualquer dúvida, a função de janela deslizante aumenta o rendimento global dos pares TCP e, por conseguinte, da rede em bloco. O tamanho da janela depende dos seguintes factores (Chappell 2001):

1. A quantidade de tráfego permitida na rede.
2. O tamanho da memória intermédia TCP que o recetor anunciou.

A janela deslizante permite ao emissor TCP injetar os pacotes possíveis no canal, sem esperar por qualquer notificação do recetor. O tamanho (largura) da janela deslizante representa a quantidade de pacotes que pode ser injectada pelo emissor na rede, mas sem que o emissor seja frequentemente notificado.

Embora a janela deslizante permita que o remetente TCP envie pacotes sem reconhecimento, quando o remetente não recebe ACK do recetor durante um longo período, a janela deslizante obriga o remetente a deixar de enviar mais pacotes (Koga 2009). No entanto, a janela deslizante requer muitos recursos e não é considerada uma escolha ideal para sistemas de comunicação em tempo real (Wojek et al. 2008).

CAPÍTULO DOIS

CONTROLO DE CONGESTIONAMENTO TCP

Com o crescimento maciço e rápido da propagação da Internet e com a utilização generalizada do TCP/IP, o mecanismo de controlo do congestionamento torna-se o fator-chave, que influencia o nível de desempenho da quantidade de fluxo de dados nas redes. Por exemplo, o congestionamento da Internet é um dos principais problemas nas redes de computadores, especialmente na rede em rápido crescimento da Internet, que tem necessariamente de ser controlada. Em geral, o congestionamento ocorre quando o número de pacotes recebidos por um nó é superior à sua capacidade de saída. O TCP Tahoe é a primeira variante do TCP que inclui o primeiro algoritmo de controlo do congestionamento, desenvolvido por Jacobson (1986). O Tahoe foi modificado para desenvolver variantes TCP melhoradas com diferentes controlos de congestionamento (Jacobson 1988; La et al. 1998).

A técnica de controlo de congestionamento baseada em janelas utilizada pelo TCP tenta ajustar a velocidade do fluxo de dados, ajustando o tamanho da janela, para evitar o congestionamento da rede. Além disso, partilha de forma justa a largura de banda da rede entre todas as ligações possíveis (Kodama et al. 2008; Iguchi et al. 2005). A implementação das primeiras versões do TCP inclui um modelo go-back-n simplificado, mas não inclui qualquer pressuposto para o controlo do congestionamento.

Neste modelo, o fluxo de dados transmitidos do emissor para o recetor não espera pelo aviso de receção para enviar novos dados, mas quando o recetor recebe com sucesso o segmento sem erros, o recetor envia um aviso de receção ao emissor. Por outro lado, quando o ACK é ultrapassado, o emissor retransmite todos os segmentos, começando pelo segmento perdido mais antigo (Fahmy & Karwa 2000).

O desempenho das variantes do TCP é diretamente afetado pelos seus próprios mecanismos de controlo de congestionamento e a quantidade de pacotes transferidos através das ligações de rede indica o funcionamento e o comportamento da janela de congestionamento. O RFC 793 normalizou a primeira versão do TCP com a configuração básica do controlo do fluxo baseado em janelas. O TCP Tahoe representa a segunda geração de versões do TCP, que inclui duas novas técnicas, como a prevenção do congestionamento e a retransmissão rápida. O Reno é a terceira versão da primeira série desenvolvida e está normalizado no RFC 2011. O Reno alargou o mecanismo de controlo do congestionamento utilizando o algoritmo de recuperação rápida (Lai & Yao 2001).

Na sua maioria, as variantes do TCP tiveram em conta as propriedades e as características das redes com fios e não dependem das camadas inferiores da rede. É certo que o controlo do congestionamento do TCP não tem um bom desempenho em redes heterogéneas e com grande largura de banda (Subedi et al. 2008). Tal deve-se principalmente à lentidão da resposta do controlo do congestionamento em ligações de grande largura de banda e à má utilização da largura de banda disponível (Sharma 2006). Em geral, as redes sem fios falham com demasiada frequência, pelo que, desde a última década, a comunidade de investigação tem-se concentrado no desempenho do TCP em canais sem fios para propor novas abordagens e novas técnicas. É de salientar que a expansão das redes modernas de alta velocidade e sem fios está a atrair significativamente a atenção dos investigadores.

No entanto, as redes modernas de alta velocidade e sem fios ainda suportam algumas variantes comuns do TCP; contudo, muitos estudos estão a centrar-se na melhoria dos TCP (Wang & Yuan 2008). Em geral, devido à incapacidade de compreender as condições da rede, as variantes TCP normais não conseguem ajustar-se totalmente aos recursos limitados. Além disso, as variantes do TCP não serão capazes de reconhecer a perda de pacotes, se esta ocorreu por congestionamento ou aleatoriamente.

Pode concluir-se que todas as questões acima mencionadas levam a que a norma tenha um desempenho medíocre em redes sem fios. Em algumas variantes do TCP normalizado, como o Reno, o controlo do congestionamento aumenta exponencialmente os pacotes ao longo da ligação, e este incremento de arranque lento tem de ser controlado para evitar o esperado transbordamento da memória intermédia do recetor.

Uma das abordagens de modificação do TCP é utilizada para estimar a largura de banda disponível, a fim de proporcionar uma partilha equitativa de todos os fluxos, e para ajustar a janela em função da largura de banda disponível e do número de fluxos (Wang & Yuan 2008).

Outras variantes do TCP são utilizadas como indicadores para obter uma estimativa exacta da largura de banda disponível e, em seguida, para ajustar o débito nos percursos. De facto, a estimativa da largura de banda depende de muitos parâmetros e factores complexos, como a estabilidade do tráfego na rede e o comprimento do percurso. Fundamentalmente, o mecanismo de controlo do congestionamento envolve quatro fases ou quatro algoritmos: arranque lento, prevenção do congestionamento, retransmissão rápida e recuperação rápida.

2.1 Fase de arranque lento

Para ajustar a taxa de fluxo de dados para o recetor na inicialização do envio, o emissor TCP utiliza o mecanismo de arranque lento. O processo de novo arranque lento começa com cada confirmação recebida do recetor; por conseguinte, a taxa de transmissão do remetente TCP depende totalmente das confirmações devolvidas pelo recetor TCP. Embora a técnica de arranque lento represente uma parte do controlo do congestionamento, também pode influenciar significativamente o comportamento e o desempenho das redes (Law & Hung 2001).

O arranque lento é ativado após o estabelecimento da ligação ou após o tempo limite de retransmissão. Os objectivos simples do mecanismo de arranque lento ajudam o remetente a utilizar a largura de banda disponível na rede, aumentando progressivamente a quantidade de segmentos introduzidos na rede (Wang et al. 2000).

O processo criativo de início lento produzido por Jacobson (1988) começa usando uma janela de congestionamento de apenas um segmento e, a cada ACK, aumenta o tamanho da *cwnd* em um segmento adicional. Esta razão influencia a *cwnd* para produzir incrementos exponenciais do segmento adicionado à rede para cada RTT (Cavendish et al. 2009). A fase de arranque lento não é verdadeiramente lenta, quando a rede não está congestionada e ou quando o tempo de resposta da rede é bom.

A título de exemplo, a maior transmissão positiva e o reconhecimento do segmento aumentarão a janela para dois segmentos. Quando estes dois segmentos são transmitidos com sucesso e as confirmações são obtidas, o tamanho da janela aumenta para quatro segmentos. Posteriormente, o tamanho da janela é aumentado para oito segmentos, depois para dezasseis segmentos e assim sucessivamente até atingir o tamanho total da janela promovida pelo recetor ou até ocorrer finalmente o congestionamento. Como mostrado na Figura 2.1, quando a conexão é estabelecida, o *cwnd* é definido como um segmento no início e aumentado em um segmento para cada ACK recebido com sucesso (Allcock et al. 2005).

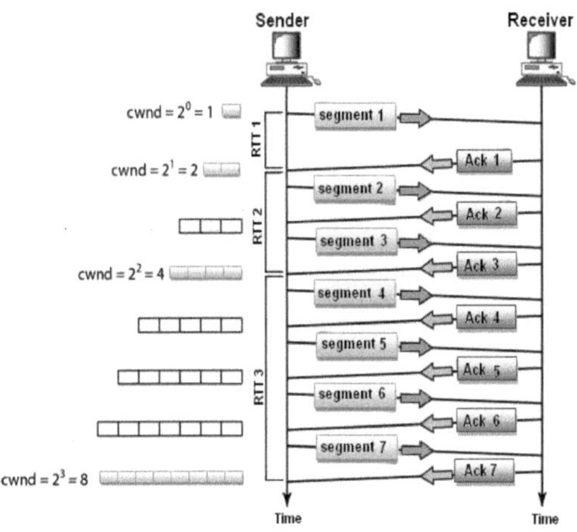

Figura 2.1 Incrementos exponenciais no arranque lento do TCP

Isso significa que o slow-start começa com um segmento para *cwnd* (*cwnd=1*) e com cada ACK bem-sucedido, o *cwnd* é aumentado em um *(cwnd=cwnd+1)*. Enquanto o crescimento exponencial da *cwnd* para cada RTT duplicará o tamanho da *cwnd* (*cwnd =2* cwnd*) até que a *cwnd* atinja o ponto de congestionamento da ligação.

Normalmente, o arranque lento do TCP é aplicado através de duas variáveis, como a janela de congestionamento (*cwnd*) e o limiar de arranque lento (*ssthresh*). A janela de congestionamento é uma janela de transmissão auto-induzida no lado do remetente e aumentará a capacidade de transmissão do TCP. Enquanto a variável (*ssthresh*) é o limite para a formação e o ponto em que o TCP deixa o período de arranque lento. A fase de arranque lento começa no arranque, quando é estabelecida uma nova ligação, e mantém-se até atingir um determinado *ssthresh*. Nesse momento, o remetente TCP passa para a fase seguinte, que é a de prevenção de congestionamento, onde explora a largura de banda extra aumentando gradualmente o tamanho da janela de congestionamento (Cheng et al. 2005).

A saída da fase de arranque lento indica que a ligação TCP se encontra num estado estável e que a janela de congestionamento respeita cuidadosamente a capacidade do caminho da rede.

No entanto, a janela de congestionamento não se altera geometricamente, mas move-se linearmente quando a ligação sai do arranque lento.

A implementação do mecanismo de controlo do congestionamento TCP não é uma operação simples. Se os remetentes TCP estiverem prontos para a transmissão de pacotes, o mecanismo inicia o incremento da janela de congestionamento na tentativa de aumentar a taxa de pacotes transmitidos. O tamanho da janela aumenta exponencialmente até ao limiar designado por limiar de arranque lento (*ssthresh*) e esta fase é designada por fase de "arranque lento", como mostra a Figura 2.2.

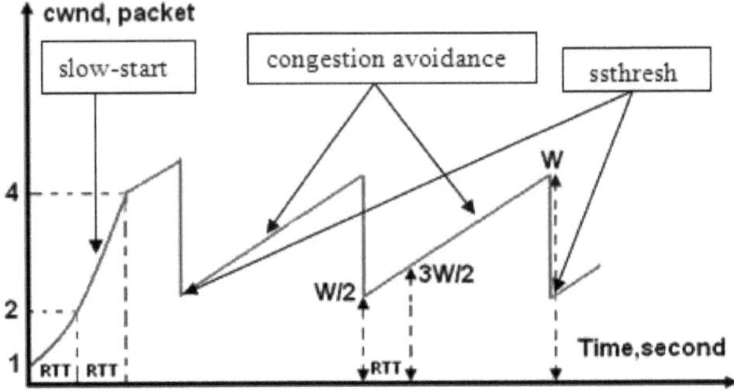

Figura 2.2 Janela de congestionamento em arranque lento e prevenção de congestionamento

Na fase de arranque lento, o remetente TCP duplica o tamanho da janela de congestionamento para aumentar a taxa de transmissão em cada RTT. Quando o tamanho da janela atinge o *valor ssthresh*, o TCP passa à fase seguinte, designada por "prevenção do congestionamento", e o tamanho da janela aumenta moderadamente a um ritmo mais lento. O emissor TCP detecta imediatamente a perda de pacotes observando o número total de confirmações duplicadas do recetor. Se o remetente do TCP obtiver uma confirmação duplicada do pacote enviado anteriormente, pode reconhecer a perda de pacotes e diminui automaticamente o tamanho da janela de congestionamento. Assim, a taxa de pacotes também diminui e é definido um novo nível para *ssthresh* na nova janela de congestionamento.

Estas fases são designadas por retransmissão rápida e recuperação rápida, respetivamente, sendo que o remetente TCP chega a estas fases passando a fase de arranque lento e a fase de prevenção de congestionamentos.

Se as situações de congestionamento forem simples (fáceis de detetar) ou não forem reconhecidas pelo emissor, o controlo de congestionamento TCP não conseguirá detetar a perda de pacotes. Assim, o TCP depende de outra técnica chamada "retransmission timeout" que produz a retransmissão dos pacotes perdidos. Além disso, o TCP diminui o *cwnd* para um segmento e tenta retransmitir o pacote perdido. Por outro lado, o TCP duplica o intervalo de tempo limite de retransmissão quando o remetente continua a transmitir os mesmos pacotes e não reconhece qualquer aviso de receção do pacote enviado.

O remetente TCP começa por definir a janela de congestionamento para um segmento (*cwnd = 1*). O tamanho da janela é aumentado exponencialmente em cada RTT e continua até que a janela atinja *ssthresh*. Quando atinge *ssthresh*, o TCP reduz o aumento de *cwnd*. Depois de um intervalo de tempo, se a taxa de transmissão do TCP exceder a capacidade da ligação de rede, ocorre uma perda de pacotes. Quando o TCP detecta a perda de pacotes, o tamanho da janela de congestionamento diminui para metade do seu valor. Se as condições de congestionamento forem eliminadas, o remetente do TCP entra na fase de prevenção do congestionamento. Em seguida, a janela de congestionamento é melhorada linearmente num segmento em cada RTT.

Como ilustrado na Figura 2.3, em estado estacionário, o TCP oscila entre os valores da janela *W* e *W/2*, em que "*W*" depende da capacidade da ligação de rede e do número de ligações TCP activas (Vallamsundar et al. 2007). O algoritmo de arranque lento do TCP aplica duas fases sobre a janela de congestionamento, a primeira com a transmissão inicial e a outra a meio do intervalo de transmissão. Estas duas fases devem-se ao controlo de congestionamento em alguns protocolos, como o Tahoe, que utiliza continuamente o arranque lento após cada timeout, enquanto que no Reno e no Newreno é utilizado apenas durante o ponto de partida inicial.

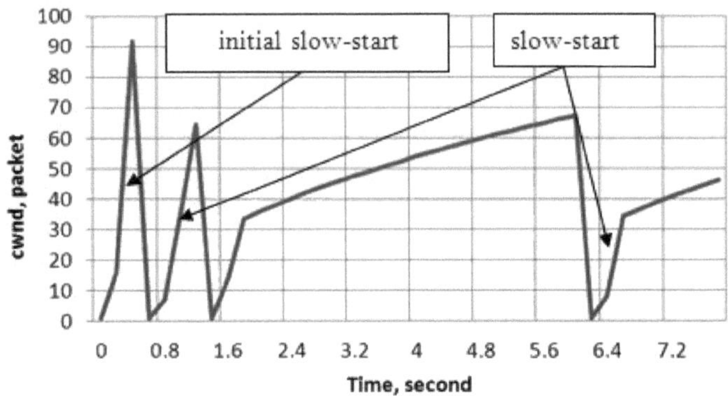

Figura 2.3 Diferença entre o arranque lento inicial e o arranque lento para o TCP Tahoe

As razões subjacentes a esta diferença devem-se ao algoritmo de recuperação rápida e de retransmissão rápida utilizado no controlo do congestionamento em Reno, que não está disponível em Tahoe. Assim, embora tanto o Tahoe como o Reno comecem com o mesmo mecanismo inicial de arranque lento, nos RTTs seguintes, apenas o Tahoe utiliza o arranque lento, enquanto o Reno compensa esta situação com uma retransmissão rápida.

No entanto, após o estabelecimento da ligação, o valor da janela de congestionamento ainda é desconhecido e o controlo de congestionamento TCP utiliza o arranque lento para distinguir o valor da janela de congestionamento. . Além disso, o controlo do congestionamento limitará o número de pacotes não reconhecidos e injectará os pacotes na conduta da rede. Por outro lado, a largura de banda e o atraso das ligações de rede indicarão a dimensão ideal da janela de congestionamento.

Inicialmente, o tamanho da janela de congestionamento é definido como um segmento, como na Equação (2.1). Se o remetente do TCP receber o ACK, o tamanho da janela aumenta novamente em um segmento.

$$cwnd(t) = 1 \qquad (2.1)$$

A janela de congestionamento no arranque lento padrão aumenta em cada ACK recebido e com o novo RTT. Consequentemente, para cada novo RTT, o tamanho atual da janela de congestionamento é duplicado até atingir o tamanho máximo que representa o crescimento exponencial da janela de congestionamento, como na Equação (2.2).

$$cwnd(t+\tau) = \begin{cases} 2 * cwnd(t) & \text{se } cwnd(t) < \text{ssthresh}/2 \\ \textit{Evitar o congestionamento} \text{ noutros locais} & \end{cases} \qquad (2.2)$$

em que *cwnd(t)* representa a dimensão atual da janela de congestionamento, enquanto *cwnd(t+ τ)* representa a dimensão seguinte da *cwnd* após um RTT. Este incremento exponencial pode terminar se ocorrer uma de duas condições. Se a janela de congestionamento atingir um determinado *ssthresh,* o TCP passa para o modo de prevenção de congestionamento. Caso contrário, o TCP regista uma perda de pacotes, que ocorre frequentemente quando se verifica um timeout, e então o TCP define o novo valor de *ssthresh* como *cwnd/2* e passa para o modo de prevenção de congestionamento.

O outro incremento na janela de congestionamento ocorre quando cada ACK bem-sucedido é recebido pelo remetente, como mostra a Equação (2.3).

$$cwnd(t+\tau) = \begin{cases} cwnd(t)+1 & \text{se } cwnd(t) < ssthresh \\ \textit{Evitar o congestionamento} \text{ noutros locais} & \end{cases} \quad (2.3)$$

em que *cwnd(t)* representa a dimensão atual da janela de congestionamento, enquanto *cwnd(t+ τ)* representa a dimensão seguinte da janela de *congestionamento* após ACK. A Figura 2.4 explica o arranque inicial do TCP de arranque lento padrão com uma janela de tamanho máximo de 64 pacotes.

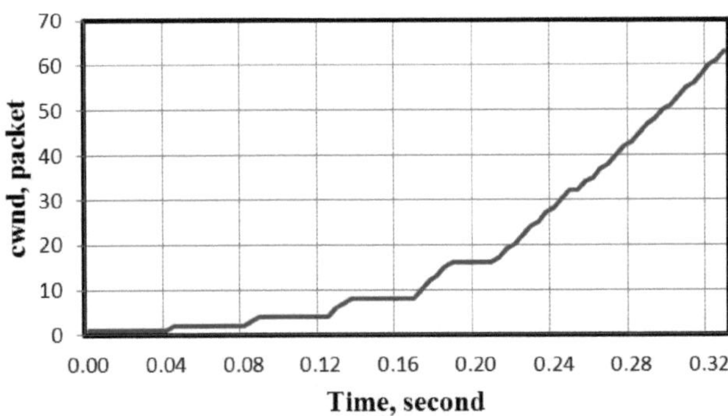

Figura 2.4 Fase inicial de arranque lento do TCP normal

2.2 Fase de prevenção de congestionamentos

Jacobson (1986) propôs um mecanismo de prevenção do congestionamento para resolver o problema das falhas na Internet e é atualmente utilizado nas implementações do TCP. Quando o valor limite é atingido, o TCP diminui a taxa de aumento do tamanho da janela e, quando a taxa de transmissão do TCP excede a capacidade da ligação de rede, ocorre a perda de pacotes. O TCP detecta imediatamente esta perda de pacotes e reduz o tamanho da janela de congestionamento para quase metade do seu valor atual e, em seguida, a condição de congestionamento atribui ao remetente TCP a entrada na fase de prevenção de congestionamento. A Figura 2.5 ilustra as operações integradas e a relação funcional entre as fases de arranque lento e de prevenção de congestionamentos.

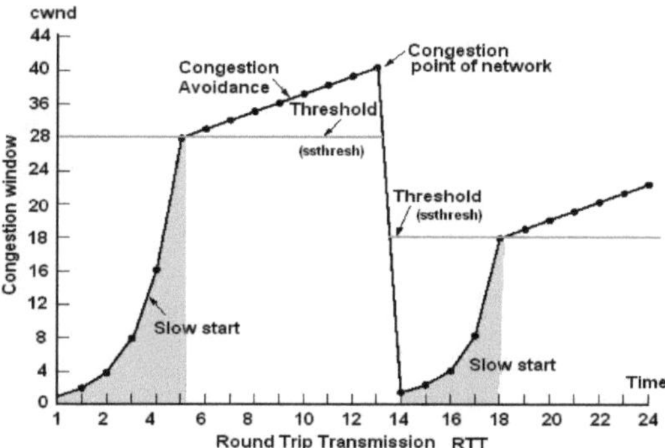

Figura 2.5 Operações combinadas de arranque lento e de prevenção de congestionamentos

O mecanismo de prevenção de congestionamento é implementado quando o tamanho da janela de congestionamento é superior ao limiar recente de arranque lento. Na prevenção de congestionamento, a dimensão de um segmento de tamanho normal por RTT aumenta a janela de congestionamento e é reduzida para metade do seu tamanho anterior quando o remetente TCP detecta congestionamento (Sarolahti 2007). Isto acontece em algumas variantes do TCP, como o Reno, mas no Tahoe o arranque lento começa a partir de *cwnd=1* e não a partir de metade do seu tamanho anterior. Normalmente, a janela de congestionamento do TCP cresce na fase de arranque lento e, geometricamente, aumenta a janela até exceder o *ssthresh*.

Quando o *cwnd* é superior ao *ssthresh*, o TCP atinge a fase de prevenção de congestionamento e, nesta fase, o objetivo principal é manter um débito elevado e evitar o congestionamento. Por conseguinte, o TCP oscila a sua abordagem à taxa de transmissão correcta.

Além disso, se o TCP detecta uma perda de segmento, supõe que o congestionamento ocorreu no caminho da rede. Como medida correctiva, o TCP reduz a taxa de fluxo diminuindo *cwnd*. No entanto, se *o cwnd* diminuir, o TCP volta à fase de arranque lento. O mecanismo de prevenção do congestionamento obriga o TCP a manter as condições abaixo do estado de perdas de pacotes aceitáveis e aumenta a janela de congestionamento num volume constante para cada RTT (Mathis et al. 1997).

A estabilidade do mecanismo de prevenção de congestionamento é usada para salvar a taxa de fluxo de transmissão, que oscila perto da capacidade do link. Isto é conseguido através da estimativa do período de arranque lento e da quantidade de transferência que aumenta de forma previsível num estilo linear (Eddy & Swami 2005).

A prevenção do congestionamento e o arranque lento são mecanismos progressivos e têm objectivos diferentes. Em caso de congestionamento, o TCP abranda a taxa de transmissão dos segmentos da rede e volta a solicitar o arranque lento. Isto significa que praticamente estes dois mecanismos são executados em conjunto (Parziale 2006). Além disso, na transferência inicial de dados, o arranque lento é utilizado para clarificar a rota de envio; no entanto, o arranque lento obriga a ligação de rede a deixar cair um ou mais pacotes devido ao congestionamento e, quando tal acontece, o mecanismo de prevenção do congestionamento é utilizado para abrandar a taxa de fluxo. Durante este processo, o temporizador de retransmissão do segmento expira ou recebe ACKs duplicados, o que indicará ao remetente que ocorreu um congestionamento.

Consequentemente, o emissor altera instantaneamente o tamanho da janela de transmissão para metade do tamanho da janela atual. No entanto, quando o congestionamento é detectado por um timeout, a janela de congestionamento é redefinida para um segmento, o que força automaticamente o emissor a entrar na fase de arranque lento, como mostra a Figura 2.6.

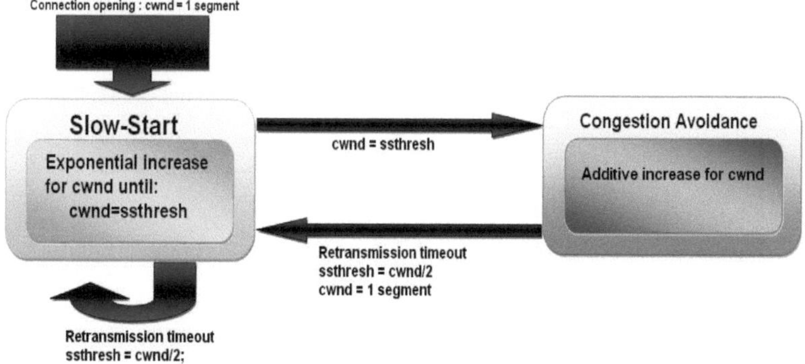

Figura 2.6 Ciclo de arranque lento e de prevenção de congestionamentos

Como mostra a Figura 2.6, quando *cwnd* > *ssthresh*, o TCP sinaliza para entrar no modo de prevenção de congestionamento, enquanto que se *cwnd* = *ssthresh*, tanto o início lento quanto a prevenção de congestionamento podem ser usados (Bansal 2005). Na Figura 2.7, o tamanho da *cwnd* é duplicado para cada RTT, o que resulta em incrementos exponenciais de *cwnd*. Esse incremento continua até que *cwnd* atinja ou exceda o valor de *ssthresh*.

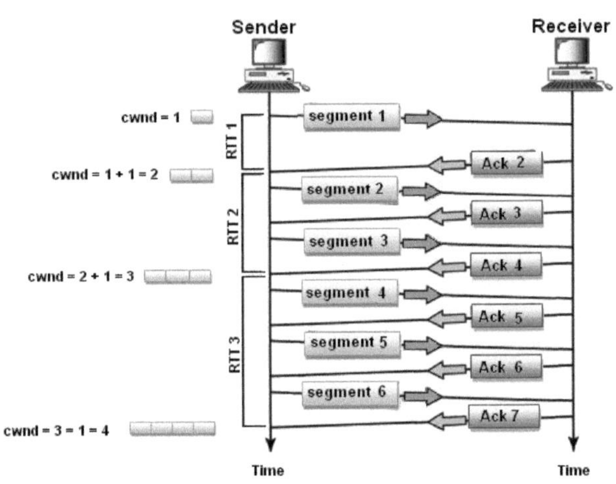

Figura 2.7 Ilustração tradicional da prevenção de congestionamentos

A Figura 2.7 ilustra as actividades do controlo de congestionamento TCP. Com base na figura, inicialmente, o remetente TCP duplica o tamanho do congestionamento para cada RTT até que o tamanho da janela de congestionamento se torne maior que *ssthresh*. Em seguida, a janela de congestionamento é aumentada em um segmento para cada RTT, conforme mostrado na Figura 2.8.

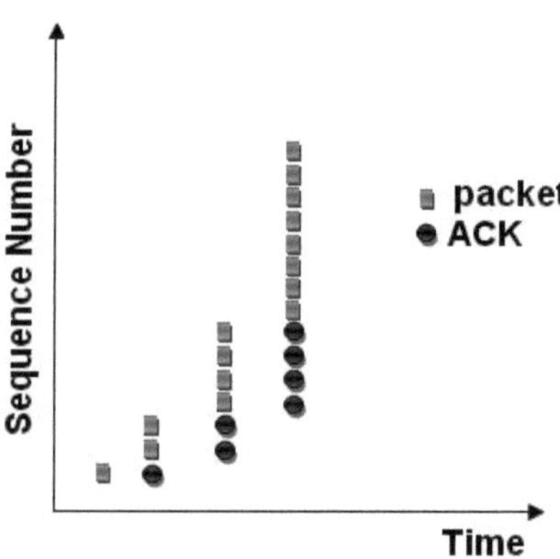

Figura 2.8 Duplicação da janela de congestionamento para cada RTT

O esquema de prevenção do congestionamento permite que a rede funcione numa zona de elevado débito e baixa latência. O controlo do congestionamento e a prevenção do congestionamento são abordagens de controlo auto-motivadas. À semelhança de todos os outros sistemas de controlo, também são constituídos por dois fragmentos: um mecanismo de feedback e um mecanismo de controlo. O mecanismo de feedback permite que a rede notifique os clientes (origem ou destino) do estado recente da rede, enquanto o mecanismo de controlo permite que os clientes regulem a carga na rede.

O sinal de retorno numa estrutura de prevenção de congestionamento indica aos clientes se a rede está a funcionar dentro ou fora do limite (Jain & Ramakrishnan 1988). No algoritmo de aumento de janela com a fase de arranque lento, o nó de origem transmite dois segmentos por cada ACK recebido.

2.3 Algoritmo de Aumento Aditivo e Diminuição Múltipla

O protocolo TCP utiliza *o ssthresh* para garantir que *a cwnd não aumenta* indefinidamente. Teoricamente, *o ssthresh* detecta a dimensão adequada da janela de congestionamento correspondente à capacidade de rede existente. Quando excede o *ssthresh*, o TCP entra na fase de prevenção de congestionamento. Na fase de aumento aditivo e por cada ACK recebido, *cwnd* é melhorada em segmentos (*1/cwnd*). Isto é aproximadamente equivalente a aumentar *a cwnd* em um segmento para cada RTT (Floyd & Jacobson 1991). Na fase de diminuição múltipla e quando é detectado um congestionamento, o transmissor diminui a taxa de transmissão por um fator multiplicativo; por exemplo, a janela de congestionamento é reduzida para metade após uma perda.

O resultado é um comportamento em dente de serra que representa uma sonda de largura de banda. A fonte TCP sofre um congestionamento na rede se o período de ACK se esgotar. Então, *ssthresh* é definido como o valor máximo entre dois segmentos e entre o mínimo da *cwnd* reduzida à metade e a janela do recetor ou a janela do recetor anunciada (rwnd) (Demers et al. 1989). Esta abordagem é designada por algoritmo AIMD, no qual se baseia a técnica de prevenção de congestionamentos proposta. Principalmente, quando o TCP utiliza o algoritmo AIMD, os pacotes transmitidos são controlados através da redução para metade da janela de congestionamento para cada janela de dados, incluindo uma perda de pacote e incrementada por um segmento para cada pacote reconhecido.

O AIMD é também uma técnica de controlo por feedback bem conhecida pela sua utilização na prevenção de congestionamentos no TCP. O AIMD associa um aumento linear da *cwnd* a uma diminuição exponencial se ocorrer algum congestionamento (Chiu et al. 1989). Posteriormente, o AIMD é complementado com mais dois processos, designados por recuperação rápida e retransmissão rápida, para melhorar o desempenho em determinados estados.

O algoritmo de controlo de congestionamento AIMD baseia-se no esquema demonstrado por Floyd et al. (2000). O algoritmo AIMD propõe que um pacote seja perdido quando *cwnd* atinge o tamanho de *w* pacotes, como ilustrado na Figura 2.9 abaixo. Por outro lado, o modelo TCP estocástico proposto por Floyd et al. (2000) considera que os pacotes são perdidos com uma probabilidade aleatória *PPL* e com timeouts de retransmissão TCP, o que permite gerar um modelo TCP preciso.

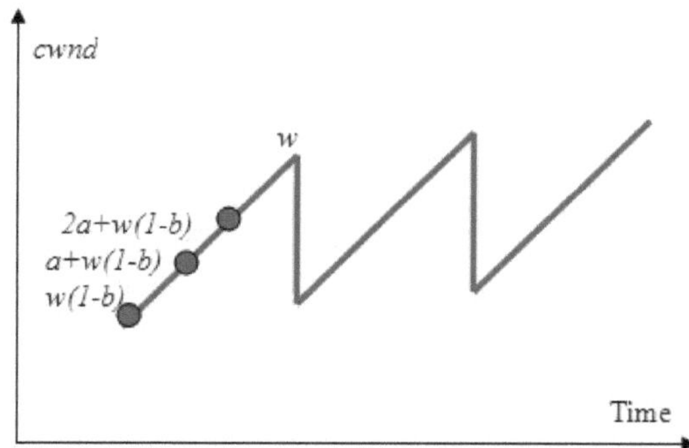

Figura 2.9 Janela de congestionamento baseada em AIMD

Na modelação AIMD, a época de congestionamento começa com a *cwnd* de *w(1-b)* pacotes. Depois, *a cwnd* é uniformemente aumentada de *um* pacote por cada RTT, até ao tamanho de janela *w* quando ocorre uma perda de pacote. Nessa altura, *cwnd* é reduzida multiplicativamente para $w(1\text{-}b)$, em que cada período de congestionamento envolve $w(b/a)+1$ de RTT. Entretanto, se *S denota o* envio de pacotes para cada RTT e *T* denota o envio de pacotes para cada segundo, a taxa média de envio para um período de congestionamento nos pacotes por RTT (Floyd et al. 2000) é a seguinte

$$S = w\frac{2-b}{2} \tag{2.4}$$

Além disso, a taxa média de envio, *T,* para um período de congestionamento em pacotes por RTT é

$$T = w\frac{2-b}{2RTT} \tag{2.5}$$

O número total de pacotes para cada época de congestionamento pode ser dado como:

$$\begin{aligned} S\left(w\frac{b}{a}+1\right) &= w\frac{2-b}{2}\left(w\frac{b}{a}+1\right) \\ &= w\frac{2-b}{2}\left(w\frac{b}{a}+1\right) \end{aligned} \tag{2.6}$$

$$\approx \frac{w^2(2-b)b}{2a} \tag{2.7}$$

No final da época de congestionamento e com uma perda de pacotes, a taxa de queda de pacotes p passa a ser

$$p = \frac{2a}{w^2(2-b)b + w(2-b)a} \tag{2.8}$$

Quando $a < 1$e $b < ½$, a linha pode ser estendida como mostrado na Figura 2.9 usando uma aproximação para a Equação (2.8) (Floyd et al. 2000a):

$$p \approx \frac{2a}{w^2(2-b)b} \tag{2.9}$$

Após a aproximação da Equação (2.9) ter correspondido a *cwnd*, a fórmula pode ser simplificada da seguinte forma:

$$w \approx \sqrt{\frac{2a}{p(2-b)b}} \tag{2.10}$$

Agora, substituindo a Equação (2.10) na Equação (2.5) para estimar a taxa de envio *S* em pacotes por segundo, pode-se obter o seguinte:

$$S = \frac{\sqrt{a}\sqrt{(2-b)}}{RTT\sqrt{p}\sqrt{2b}} \qquad (2.11)$$

Assumindo que *a=1* e *b=0*,5, colocando isso na Equação (2.10) obtém-se o seguinte:

$$S = \frac{\sqrt{1.5}}{RTT\sqrt{p}} \qquad (2.12)$$

Quando a relação entre os parâmetros do AIMDa and b tem a mesma taxa de envio a longo prazo e a taxa de perda de pacotes, quando$a$ =1 eb =0,5, a função de resposta de ambos os AIMD passa a ser

$$\frac{\sqrt{1.5}}{RTT\sqrt{p}} = \frac{\sqrt{a}\sqrt{(2-b)}}{RTT\sqrt{p}\sqrt{2b}} \qquad (2.13)$$

De forma equivalente, a Equação (2.13) pode ser escrita da seguinte forma:

$$a = \frac{3b}{2-b} \text{ e } b = \frac{2a}{3+a} \; (2.14)$$

A equação (2.14) representa a resolução aproximada do modelo determinístico AIMD, que pode fornecer uma sugestão para valores de *(a, b)* como (1/5,1/8) e (3/7, 1/4), em que cada valor deve competir razoavelmente com o AIMD (1, ½). O janelamento do algoritmo AIMD representa uma escolha perfeita para muitas aplicações actuais devido à sua utilização exigente da largura de banda disponível.

Por outro lado, para várias aplicações em tempo real, como multimédia sobre TCP/HTTP, a necessidade de alterações moderadamente suaves da taxa de transmissão é mais imperativa do que a capacidade de aumentar a capacidade da largura de banda disponível.

Além disso, em algumas aplicações, o principal objetivo não é utilizar diretamente o controlo de congestionamento do TCP, mas evitar a redução súbita para metade da taxa de transmissão na reação, mesmo a uma única perda de pacotes.

2.4 Fases de recuperação rápida e de retransmissão rápida

Fundamentalmente, o arranque lento e a prevenção de congestionamentos do controlo de congestionamentos TCP são secundários em relação ao débito após a perda de pacotes. A retransmissão rápida e a recuperação rápida foram consideradas para acelerar a recuperação da ligação sem limitar as características de prevenção do congestionamento.

A retransmissão e a recuperação rápidas distinguem as perdas de segmentos duplicando os reconhecimentos. Foi proposto um processo de recuperação baseado em mecanismos de retransmissão rápida e recuperação rápida, para evitar a espera do timeout de retransmissão para cada perda de segmento (Olsén 2003).

O mecanismo de recuperação rápida ajusta o envio de novos segmentos até que o remetente receba um aviso de receção não duplicado. Considera o novo ACK duplicado recebido como um sinal do segmento perdido. Se o *cwnd* estiver suficientemente inflacionado, então cada ACK duplicado será acionado para enviar um novo segmento. Assim, o relógio de reconhecimento é conservado e, quando o ACK não duplicado chegar, a recuperação rápida será concluída e *o cwnd* será esvaziado (Gurtov 2000). Como demonstrado na Figura 2.10, quando ocorre uma perda de segmento, o recetor TCP conserva os segmentos de confirmação de transmissão e especifica o próximo número de ordem previsível.

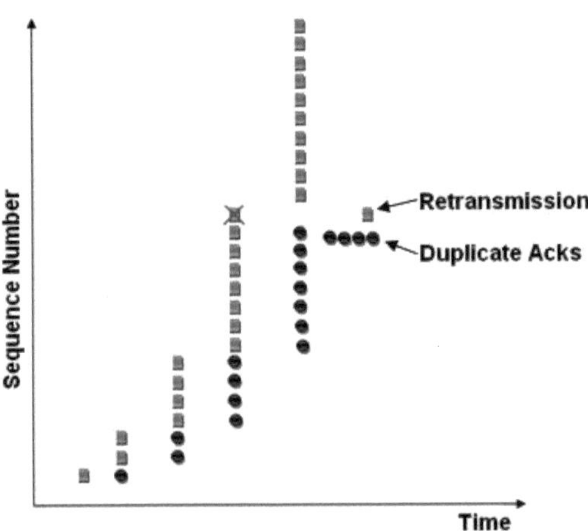

Figura 2.10 Número de sequência com cenário de perda de segmento

O número de sequência está relacionado com a perda de segmentos. Quando um único segmento é perdido, o TCP cria ACK para os segmentos seguintes. Isto permitirá ao remetente receber ACKs duplicados. Na retransmissão rápida, o TCP recebe ACKs duplicados e adopta o reenvio do segmento, não precisando de esperar que o temporizador do segmento expire. Este processo irá acelerar a recuperação das perdas de segmentos. Na recuperação rápida, quando o segmento é perdido, o TCP tenta manter a taxa de fluxo existente sem voltar ao arranque lento.

Os mecanismos de retransmissão rápida e de recuperação rápida foram criados para resolver rapidamente o problema das perdas de pacotes sem esperar pelas RTOs. O mecanismo de retransmissão rápida foi formulado pela primeira vez no TCP Tahoe (Wang et al. 2000); baseia-se no conceito de reenvio do segmento não reconhecido após a receção de três ACKs duplicados; em seguida, define o tamanho do *cwnd* para um segmento e inicia o arranque lento. O objetivo de receber três ACK duplicados é permitir que a rede envie segmentos independentemente da situação de congestionamento (Ho et al. 2005). O mecanismo de retransmissão rápida do TCP Tahoe é ilustrado na Figura 2.11.

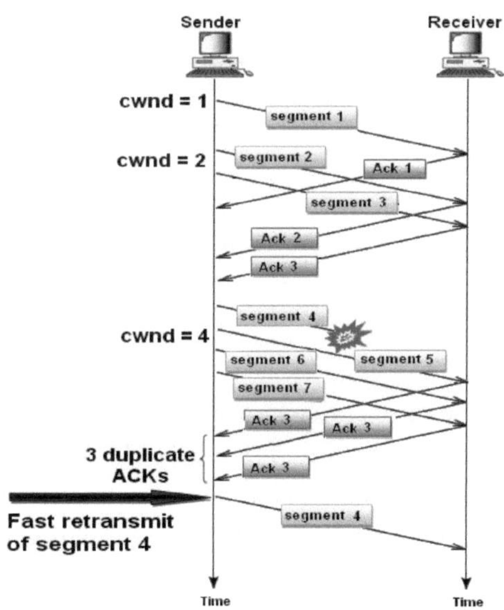

Figura 2.11 Mecanismo de retransmissão rápida do TCP Tahoe

A Figura 2.12 mostra o cenário de recuperação rápida da janela de congestionamento Reno e explica a relação entre as fases de temporização, arranque lento e prevenção de congestionamentos.

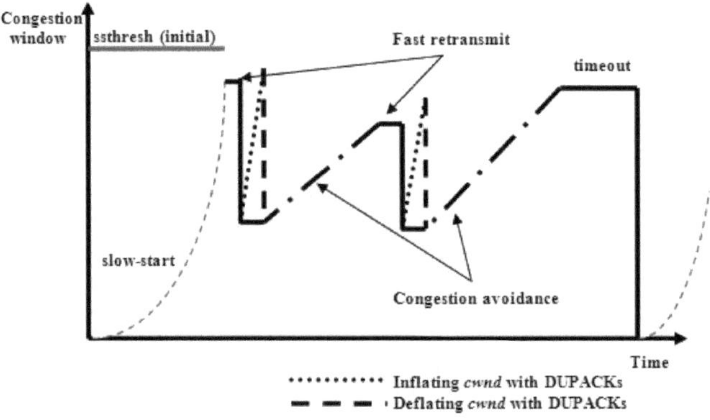

Figura 2.12 Mecanismo de recuperação rápida para TCP Reno

O mecanismo de recuperação rápida foi incluído inicialmente no TCP Reno (Floyd 2004); substitui o arranque lento pela prevenção do congestionamento, diminuindo o *cwnd* para metade (Lin & Kung 1998). O Reno é a versão mais popular do TCP e o seu algoritmo de controlo do congestionamento é amplamente adotado pelo protocolo TCP da Internet.

O mecanismo de controlo de congestionamento do Reno é composto por quatro procedimentos: arranque lento, prevenção de congestionamento, retransmissão rápida e recuperação rápida. As duas primeiras etapas são aplicadas pelo remetente para regular a quantidade de pacotes inseridos na conexão, mas os dois últimos procedimentos são usados para se recuperar das perdas de pacotes sem a necessidade de esperar por RTOs (de AE Lima et al. 2003; Abrahamsson et al. 2002).

O remetente em Reno usa o reconhecimento duplicado de entrada extra para cronometrar os pacotes subsequentes que partem (Fall & Floyd 1996). Se ocorrer uma perda de um pacote, os buracos da sequência serão reorganizados e o recetor estará pronto para aceitar novos segmentos que se encaixem na sua janela. A implementação do Tahoe produz uma retransmissão rápida, que se baseia em diferentes pressupostos.

Se três ou mais ACKs duplicados para um segmento forem transmitidos do recetor para o remetente, o remetente reconhece imediatamente que esse segmento foi perdido e o reenvia antes que o RTO expire (Bartók & Cselényi 2001). A Figura 2.13 ilustra a interferência funcional entre as fases de arranque lento, de prevenção de congestionamento e de recuperação rápida com todas as probabilidades esperadas.

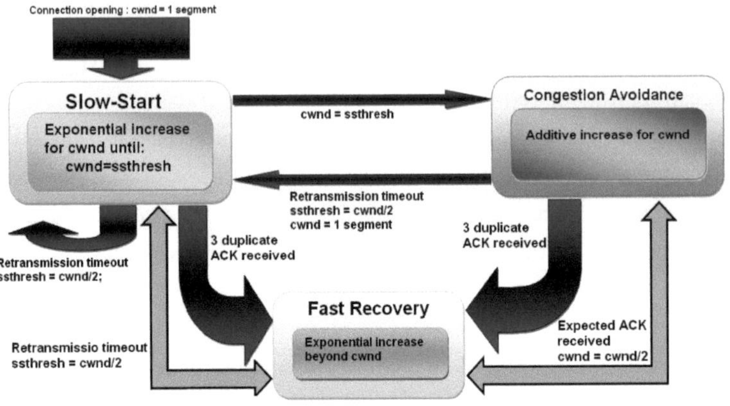

Figura 2.13 Interferência funcional das fases de arranque lento, de prevenção de congestionamentos e de recuperação rápida

O algoritmo de recuperação rápida foi desenvolvido em Newreno com o objetivo de interpretar um reconhecimento fraccionado como uma marca de pacote perdido adicional, o que irá melhorar o débito da ligação quando muitos pacotes de dados são perdidos numa única janela.

Portanto, a diferença entre o Reno e o Newreno é que o Reno aguarda o RTO para cada pacote e, em seguida, passa para o slow-start, enquanto o Newreno lida com uma estratégia inteligente, para melhorar o processo de recuperação (Floyd et al. 1999).

De facto, o desempenho do Reno é afetado quando se perdem muitos pacotes na mesma janela (Subedi et al. 2008). Além disso, se o segmento chega fora de sequência ao recetor, o anfitrião não pode distribuir esses segmentos ao pedido final e precisa de armazenar esses segmentos até que a sequência exacta chegue.

CAPÍTULO TRÊS

VARIANTES DE ORIGEM TCP

Foram propostos vários mecanismos para melhorar as versões padrão do TCP, incluindo o Tahoe e o Reno. Além disso, foram introduzidos muitos algoritmos para o controlo do congestionamento e para melhorar a partilha da estabilidade e da largura de banda entre fluxos em redes com e sem fios. As actuais variantes do TCP não são adequadas para redes sem fios devido aos efeitos dos canais de rádio. Por conseguinte, o TCP necessita de modificações e desenvolvimentos adicionais, como a utilização de ligações divididas ou abordagens fiáveis da camada de ligação para funcionar profissionalmente em ligações sem fios (Grieco & Mascolo 2004).

As redes informáticas e os sistemas móveis celulares evoluíram ao longo dos anos; muitos computadores e outros equipamentos passaram a estar ligados entre si através do TCP como protocolo mútuo. Além disso, é difícil reconhecer os mecanismos de controlo do congestionamento que são aplicados em diferentes dispositivos na Internet e o cabeçalho do TCP não lhes fornece quaisquer factos. Outro problema imperativo é a forma como estes mecanismos são utilizados em vários sistemas operativos (Moraru et al. 2003).

Foram propostas e estabelecidas algumas variantes sucessivas do TCP baseadas nos mecanismos de controlo e prevenção do congestionamento (Qureshi et al. 2009). A razão para a existência de diferentes versões do TCP reside no facto de cada versão adotar determinadas ideologias e características específicas.

A evolução das redes informáticas e dos sistemas móveis celulares pode ser testemunhada pela ordem do TCP primário (Tahoe), seguido do Reno, que é suportado por uma recuperação rápida, e, ultimamente, o mais recente algoritmo de retransmissão foi adicionado ao Reno para obter um novo TCP, designado por Newreno.

O TCP Fack é um Reno, mas utiliza a técnica de confirmação de envio. A utilização do reconhecimento seletivo permite ao recetor especificar um segmento suplementar recebido durante um único ACK duplicado, sendo que o TCP Sack utiliza esta técnica. Todas as variantes anteriores se baseiam no conceito de Jacobson, enquanto o TCP Vegas utiliza as suas abordagens individuais para o controlo do congestionamento (Islam et al. 2009).

3.1TCP Tahoe

O TCP Tahoe inclui três mecanismos de controlo do congestionamento: o arranque lento, a prevenção do congestionamento e a retransmissão rápida. No controlo do congestionamento Tahoe, as ligações iniciam permanentemente a fase de arranque lento por cada perda de pacotes e, quando o tamanho da janela é grande, as perdas são pouco frequentes.

Em seguida, permitirá que as ligações iniciem a fase de prevenção de congestionamentos; por conseguinte, é necessário tempo para aumentar o tamanho da janela de um segmento para atingir o valor de *ssthresh* (Antila 2005). A forma geral da janela de congestionamento para Tahoe é mostrada na Figura 3.1.

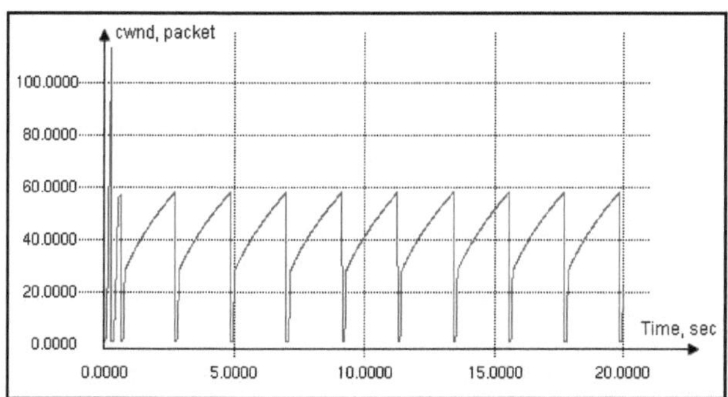

Figura 3.1 Comportamento da janela de congestionamento do TCP Tahoe

A janela de congestionamento do Tahoe (e das outras variantes do TCP) é desenhada utilizando o NS-2 para observar o comportamento da *cwnd* durante 20 s como tempo de simulação. Além disso, o tamanho da janela é definido como 128 Kbytes e 1500 bytes como tamanho do segmento.

Tal como referido anteriormente, o Tahoe segue o controlo de congestionamento proposto por Jacobson e baseia-se no conceito de "conservação de pacotes". Isto significa que, quando a ligação é estabelecida para além da largura de banda disponível, o pacote não será alojado no caminho da rede sem retirar o pacote anterior. O Tahoe implementa esta abordagem utilizando ACKs para cronometrar os segmentos que partem, se o remetente receber o reconhecimento necessário. A dificuldade na implementação do controlo de congestionamento Tahoe reside no facto de ser necessário terminar o período de timeout para detetar a perda de pacotes.

De facto, em algumas aplicações, o Tahoe necessita de mais intervalos de tempo de espera, devido ao tempo de espera de grão grosso. Além disso, o Tahoe não envia ACK instantâneos, mas tenta enviar reconhecimentos acumulados. Por conseguinte, o Tahoe tem de aguardar a perda de pacotes de cada vez que detecta o timeout com um pipeline de rede vazio.

3.2 TCP Reno

Em 1990, o TCP Reno foi lançado como uma variante anterior do TCP expandida com recuperação rápida. Atualmente, o Reno é o TCP mais extenso, mas não tem um bom desempenho se a ligação for afetada pela queda de vários pacotes de dados numa janela, uma vez que o Reno tem de esperar pela expiração do temporizador de retransmissão antes de reiniciar o fluxo de dados (Fall & Floyd 1996). O Reno tentou usar a perda de pacotes para determinar a capacidade de largura de banda existente na rede. O Reno inicia o procedimento de arranque lento juntamente com a ligação TCP, que começa com timeouts.

Nesta progressão, aumenta *o cwnd* exponencialmente e linearmente, quando atinge o nível *ssthresh* para iniciar a prevenção de congestionamentos. Quando o timeout ocorre ou se três ACKs duplicados são recebidos, a retransmissão rápida e a recuperação rápida são iniciadas. Estes algoritmos melhoram o desempenho do Reno, utilizando a interrupção do timeout para indicar o congestionamento na rede (Henna

2009). O controlo de congestionamento do Reno não diminui a taxa de fluxo de transmissão, exceto se se verificar uma queda de pacotes, o que só acontece se a rede sofrer situações de sobrecarga (Hughes 2006).

Como mostra a Figura 3.2, o Reno utiliza duas fases para aumentar o tamanho da janela; no arranque lento e na prevenção de congestionamentos e apoiado por mecanismos de recuperação rápida e retransmissão rápida.

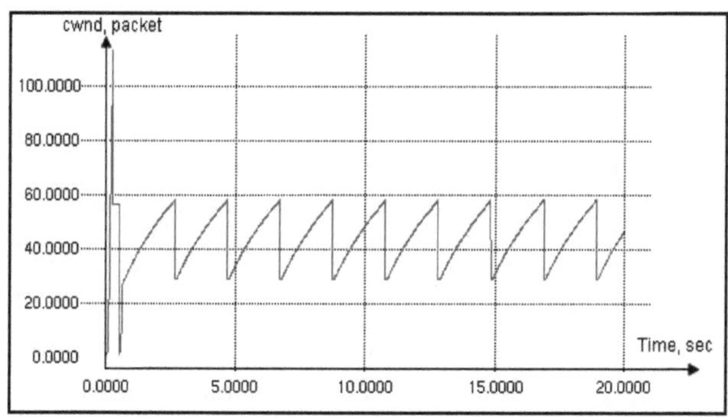

Figura 3.2 Comportamento da janela de congestionamento do TCP Reno

Para aumentar o *cwnd*, o Reno adiciona um segmento por cada RTT por cada ACK recebido e reduz *o cwnd* para metade por cada ocorrência de perda em cada RTT. O Reno ajusta *o cwnd* da seguinte forma:

Para aumentar o tamanho da janela:

$$cwnd = cwnd + \frac{1}{cwnd} \tag{3.1}$$

Para diminuir o tamanho da janela:

$$cwnd = cwnd - \frac{cwnd}{2} \qquad (3.2)$$

Se a largura de banda da ligação for constante, o Reno repete os procedimentos de aumentar e diminuir o tamanho da janela. Depois, o Reno define *ssthresh* para metade de *cwnd* e define *cwnd* para ser igual ao valor atual de *ssthresh*. Ao duplicar o ACK recebido, o *cwnd* aumenta em um segmento e, quando o valor *do cwnd* é maior que a quantidade de pacotes no pipeline da rede, ele envia um único segmento, caso contrário, permanece em modo de espera. O Reno recorda as características do Tahoe, como os arranques lentos e o temporizador de retransmissão. Inclui uma técnica de inteligência significativa através da deteção precoce das perdas de pacotes.

Outra mudança significativa feita pelo Reno é que, quando um pacote é perdido, ele não diminui o *cwnd* para ser igual a um segmento, porque isso esvazia o pipeline, mas apenas diminui a taxa de fluxo e continua a evitar o congestionamento, assim como o Tahoe.

O desempenho do Reno será melhor se for perdido um menor número de pacotes. Se forem perdidos mais pacotes numa janela, o Reno começa a comportar-se como o Tahoe, porque o controlo de congestionamento do Reno é capaz de reconhecer apenas uma perda de pacotes, enquanto que em caso de perdas múltiplas, a informação para as outras perdas de pacotes surge quando o reconhecimento do primeiro segmento retransmitido chega ao remetente após um único RTT.

3.3 TCP Newreno

O Newreno é uma versão melhorada do TCP Reno e foi desenvolvido em 1996. De acordo com Moraru et al (2003), é capaz de resolver problemas relacionados com o timeout em caso de perda de vários pacotes numa janela de dados. Para além de resolver o problema do timeout, o Newreno é capaz de reenviar um único pacote por cada RTT. A janela de congestionamento do Newreno TCP é ilustrada na Figura 3.3.

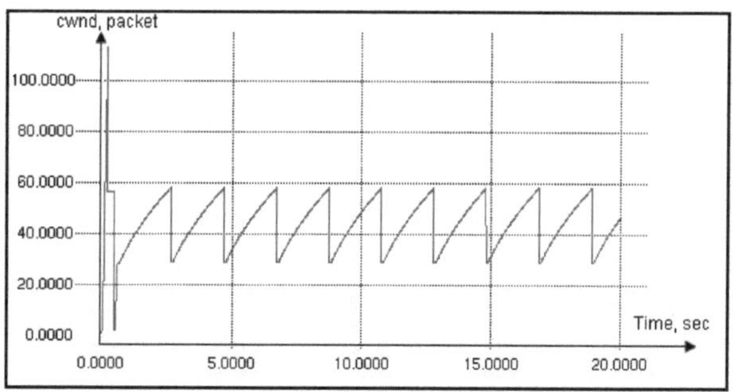

Figura 3.3 Comportamento da janela de congestionamento do TCP Newreno

Em Newreno, quando o segmento é perdido, a janela de congestionamento será duplicada a cada RTT até atingir *ssthresh* e o tamanho da janela será melhorado por um único segmento para cada RTT.

Na fase de retransmissão rápida, o remetente Newreno efectua os seguintes passos (Parvez et al. 2006):

1. O segmento exigido por três confirmações duplicadas é retransmitido.

2. *ssthresh* está definido para *cwnd/2*.

3. O valor de *cwnd* é definido para o novo valor de *ssthresh* mais três segmentos.

Durante a fase de recuperação rápida, o remetente TCP aumenta continuamente o *cwnd* em um único segmento para cada confirmação duplicada sucessiva recebida. É de salientar que, no mecanismo de recuperação rápida, os reconhecimentos duplicados são capazes de detetar vários segmentos recebidos através do recetor e este mecanismo iniciará a transmissão de um novo segmento.

No entanto, à semelhança do Tahoe, no reconhecimento total os segmentos estarão pendentes no início da recuperação rápida e, em seguida, define o valor de *cwnd* para *ssthresh* e passa à fase de prevenção de congestionamentos. Enquanto o reconhecimento parcial obtém o segmento subsequente no pipeline que já foi perdido e retransmite-o, e define o número de ACKs duplicados recebidos para zero (Afif et al. 2005; Nagamalai & Lee 2004).

Quando comparado com Reno, Newreno é capaz de detetar muitas perdas de pacotes quando várias perdas de pacotes ocorrem em uma janela. Além disso, Newreno não deixará a fase de recuperação rápida até que todos os segmentos pendentes sejam reconhecidos. No entanto, a desvantagem de Newreno é que ele precisa de um período RTT para detetar a perda de pacotes e pode reconhecer o segmento perdido somente quando a confirmação do segmento retransmitido primário é recebida.

3.4 Saco TCP

O TCP com reconhecimento seletivo (Sack) permite que o recetor reconheça abertamente os dados fora de sequência que foram recebidos pelo remetente. No Sack, o remetente não reenviará os dados que foram "Sackados" no período de recuperação da perda. Muitos estudos provaram que a técnica Sack melhora o rendimento do TCP se vários pacotes forem perdidos na mesma janela (Ekiz et al. 2011).

O algoritmo Sack faz a intermediação entre a estratégia de reenvio de duplicação selectiva e a estrutura de reconhecimento cumulativo do TCP (Kettimuthu & Allcock 2004).

A Figura 3.4 mostra a janela de congestionamento para TCP com Sack.

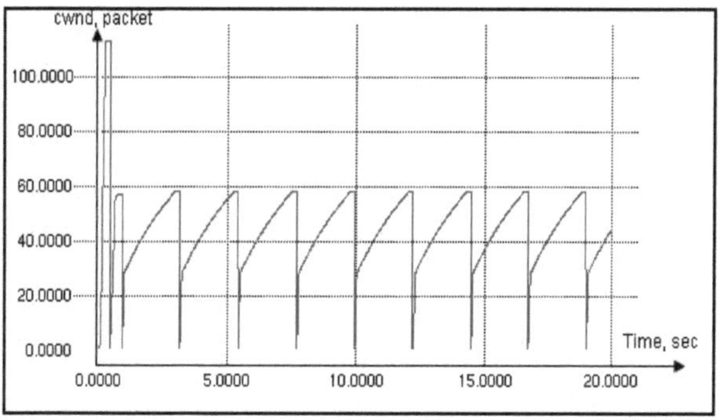

Figura 3.4 Comportamento da janela de congestionamento do TCP Sack

É mais fácil compreender o TCP com Sack do que os outros dois algoritmos TCP, como o Tahoe e o Reno. O TCP com Sack difere do Tahoe, em termos das dificuldades associadas ao arranque lento e à prevenção do congestionamento, e difere do Reno, por ter um desempenho consistente mesmo em alturas em que ocorrem múltiplos dropings. O TCP Sack é simples e fácil de implementar (Floyd 1996). Se o Sack não for utilizado com o Reno, o seu desempenho é desastroso, especialmente se forem eliminados vários pacotes na mesma janela de dados. Estes problemas resultam da necessidade de esperar pela expiração do temporizador de retransmissão antes de decidir reenviar os dados.

Como o Sack é uma expansão do Reno e do Newreno do TCP, ele trabalha em conjunto com os riscos dessas duas variantes quando ocorrem perdas múltiplas de pacotes. Quando os algoritmos de controlo de congestionamento Reno e Newreno não suportam o Sack, são capazes de reenviar apenas um pacote perdido por RTT. Essas características não estão incluídas no Tahoe, pois não há limite para reenviar o único pacote descartado para cada RTT (Fall & Floyd 1996). O TCP Sack não reconhece os pacotes de forma acumulativa, mas sim selectiva. Isto porque cada reconhecimento inclui um bloco, que define cada segmento reconhecido.

Por conseguinte, o emissor TCP tem uma imagem dos segmentos reconhecidos, bem como dos segmentos pendentes. Sempre que o emissor TCP entra na fase de recuperação rápida, define um tubo mutável, que determina a quantidade de dados que ainda estão pendentes no caminho da rede, e fixa a janela de congestionamento em metade do valor recente.

Quando o tamanho do pipeline se torna inferior ao tamanho da janela de congestionamento, detecta os segmentos que ainda não foram recebidos e reenvia-os. Se não existirem segmentos pendentes, então envia novos pacotes. Por conseguinte, mais do que um segmento perdido será enviado num único RTT. O principal problema do TCP Sack é que, atualmente, o reconhecimento seletivo não é enviado ao recetor e não é fácil implementar o Sack.

3.5 TCP Fack

O TCP com reconhecimento de avanço (Fack) é um algoritmo diferente, que funciona com base nas opções superiores do TCP Sack. Durante a operação de recuperação, o TCP Fack utiliza a informação fornecida pelo Sack para adicionar um controlo preciso aos dados que foram injectados no pipeline da rede. O conceito fundamental do mecanismo Fack depende da consideração do maior número de sequência de reconhecimento seletivo para a frente, quando os segmentos reconhecidos anteriormente se perdem. Esta monitorização melhora significativamente o processo de recuperação de perdas de pacotes.

O mecanismo Fack melhora frequentemente o desempenho do TCP em relação às abordagens normais. Este mecanismo tem um bom desempenho se os pacotes tiverem sido rearranjados ou estiverem fora de sequência no pipeline da rede. Isto deve-se ao facto de os buracos de pacotes entre blocos de dados no Sack não terem em conta a perda de pacotes (Sarolahti 2002). A janela de congestionamento do TCP Fack é mostrada na Figura 3.5, onde é possível reconhecer diferentes comportamentos da janela de congestionamento.

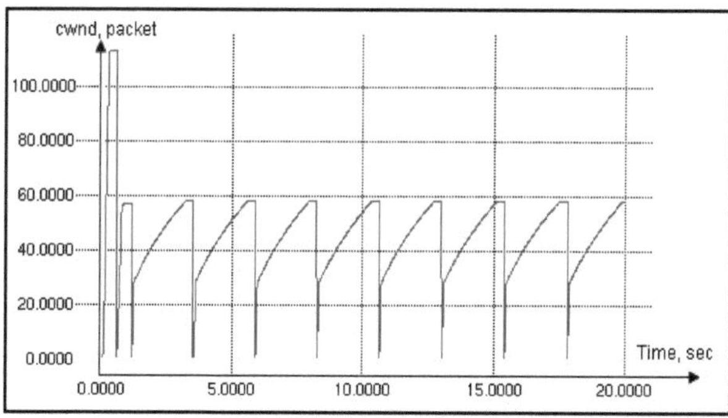

Figura 3.5 Comportamento da janela de congestionamento do TCP Fack

Na prática, o Fack comporta-se de forma semelhante ao Sack com algumas melhorias simples, uma vez que utiliza a abordagem Sack para estimar os dados transferidos. O Fack apresenta uma boa técnica para reduzir para metade o tamanho da janela se ocorrer um congestionamento.

Por conseguinte, se *a cwnd* for reduzida instantaneamente para metade, o emissor TCP pára a transferência durante algum tempo e depois recomeça se a quantidade suficiente de pacotes chegar ao destino. Se o congestionamento ocorrer, o *cwnd* deve ser reduzido para metade, dependendo da diminuição do *cwnd*. O remetente do Fack reconhece o estado de congestionamento depois que ele ocorre, e depois de pelo menos um RTT. Então, se estiver na fase de arranque lento, a *cwnd* será duplicada como explicado na secção de arranque lento.

No entanto, embora o TCP Fack ofereça mecanismos de prevenção de congestionamento e de retransmissão rápida, continua a ter muitas circunstâncias nos processos de recuperação. Além disso, não é fácil implementar o Fack em redes de alto desempenho (Tayade & Sharma 2011).

3.6 TCP Vegas

Brakmo et al. (1994) propuseram o TCP Vegas como uma nova versão do TCP com uma nova técnica na fase de prevenção de congestionamento (Jamal & Sultan 2008). O Vegas foi desenvolvido com uma abordagem privada, que difere das outras variantes de origem do TCP, e tem um desempenho melhor do que o Reno e pode gerar menor perda de pacotes (La et al. 1999; Low et al. 2008). O Vegas baseia-se na estimativa do RTT como um novo algoritmo, para detetar o congestionamento nas fases de arranque lento e de prevenção do congestionamento.

A Figura 3.6 mostra o comportamento estranho da janela de congestionamento de Vegas, em que as duas fases principais, como o arranque lento e a prevenção do congestionamento, utilizam estratégias diferentes para controlar o congestionamento.

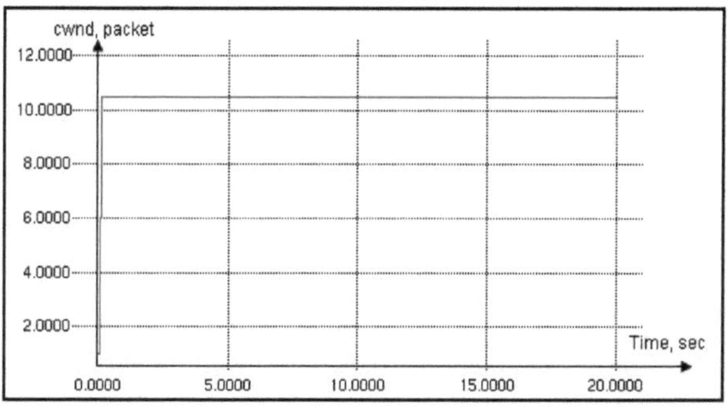

Figura 3.6 Comportamento da janela de congestionamento do TCP Vegas

O Vegas não depende exclusivamente das perdas de pacotes como marca da ocorrência de congestionamento, mas descobre o estado de congestionamento antes da ocorrência de perdas. Além disso, o Vegas não induz grandes alterações no arranque lento, na retransmissão e na prevenção do congestionamento. Assim, quando um ACK duplicado é recebido, o Vegas verifica se o tempo atual do segmento é superior ao RTT e, em seguida, reenvia diretamente o segmento, não sendo necessário esperar pelos três ACKs duplicados.

Além disso, o Vegas pode detetar várias perdas de pacotes e, em seguida, diminui o *cwnd* apenas se o segmento retransmitido tiver sido transmitido após o último decréscimo.

Além disso, o controlo do congestionamento Vegas não aumenta constantemente a *cwnd* durante a fase de prevenção do congestionamento, mas tenta detetar o congestionamento precocemente, associando o débito atual ao previsto. Por outro lado, o desenvolvimento do mecanismo de arranque lento inclui o mesmo processo de deteção do congestionamento da rede para decidir se é necessário passar ao modo de prevenção do congestionamento (Hengartner et al. 2000).

Muitos estudos provaram que o TCP Vegas é capaz de fornecer uma taxa de transferência mais elevada do que outras versões do TCP; no entanto, isso pode ser verdade em redes homogéneas que funcionam com base no Vegas. Isto deve-se ao facto de, numa rede heterogénea, o Vegas não conseguir obter uma partilha justa da largura de banda nas ligações de rede, em comparação com outras variantes do TCP (Ong & Badlishah 2011).

3.7 Comparação do controlo de congestionamento para variantes TCP

São utilizadas diferentes técnicas de controlo do congestionamento com várias variantes do TCP, como explicado nas secções anteriores, e cada variante inclui um mecanismo privado de controlo do congestionamento. No entanto, algumas destas variantes partilham algumas das características básicas do controlo dos congestionamentos, quer no arranque lento, quer na prevenção dos congestionamentos, quer ainda na sua combinação, para utilizar o mesmo processo de recuperação. Em geral, o controlo do congestionamento TCP baseia-se no algoritmo AIMD (Additive Increase Multiplicative Decrease), reduzindo para metade o tamanho da janela, quando esta sofre uma perda de pacotes, e aumentando depois a janela em um segmento por cada RTT. O segundo módulo de controlo de congestionamento utiliza o temporizador de retransmissão e contém o aumento exponencial e, em seguida, repõe o temporizador de retransmissão, se o pacote retransmitido for perdido.

O outro mecanismo de controlo do congestionamento depende do relógio ACK, em que as confirmações recebidas pelo remetente são utilizadas para iniciar a transmissão do novo pacote seguinte. As variantes de origem do TCP foram discutidas anteriormente em pormenor, sendo que todas estas variantes partilham muitas características, como o arranque lento.

Além disso, todas estas variantes seguem os princípios fundamentais de arranque lento, AIMD, temporizadores de retransmissão e relógio de ACK. Os quadros 3.1 e 3.2 ilustram as estruturas funcionais e as acções utilizadas por seis variantes do TCP. Além disso, o mecanismo de controlo do congestionamento é comparado com as outras técnicas utilizadas pelas outras variantes. De facto, os resultados da comparação são tabulados em dois quadros para facilitar a compreensão.

Tabela 3.1 Algoritmos de controlo de congestionamento TCP para Tahoe, Reno e Newreno

Ação	**Tahoe**	**Reno**	**Newreno**
No arranque lento, *o cwnd* actualizava cada ACK como:	cwnd+1	cwnd+1	cwnd+1
Na prevenção de congestionamentos, *o cwnd é* atualizado a cada ACK:	*cwnd+1/cwnd*	*cwnd+1/cwnd*	*cwnd+1/cwnd*

Passar do arranque lento para a prevenção de congestionamentos quando:	*cwnd=sst hresh*	*cwnd= ssthresh*	o mesmo, mas *o ssthresh* pode ser estimado
Recuperação rápida	Nenhum	Termin ar com ACK parcial ou total	Continu ar com ACK parcial
Formato ACK	ACK	ACK	ACK

Tabela 3.2 Algoritmos de controlo de congestionamento TCP para Sack, Fack e Vegas

Ação	Saco	Fack	Vegas
No arranque lento, *o cwnd* actualizava cada ACK como:	cwnd+1	cwnd+1	Aumento de dois em dois RTT
Na prevenção de congestionamentos, *o cwnd é* atualizado a cada ACK:	*cwnd+1/cwn d*	*cwnd+1/c wnd*	Aumento linear se previsto - efetivo< α ; diminuição linear se > β
Passar do arranque lento para a prevenção	*cwnd= ssthresh*	*cwnd= ssthresh*	Esperado-real < γ

de congestionamentos quando:			
Recuperação rápida	Continuar com SACKs parciais e enviar se *pipe<cwnd*	Enviar enquanto houver dados *pendentes<cwnd*	Retransmitir com ACK se RTT > tempo limite
Formato ACK	SACO	SACO	ACK

A partir destas tabelas, é evidente que a fase de arranque lento se baseia em algoritmos semelhantes, como o Tahoe, o Reno, o Newreno, o Sack e o Fack, enquanto o Vegas utiliza a sua própria técnica de arranque lento. Quanto à prevenção de congestionamentos, existem algumas variações e modificações, mas todas se baseiam na prevenção de congestionamentos Tahoe, com algumas propriedades adicionais para melhorar o TCP específico em diferentes redes e aplicações.

Os quadros explicam também as semelhanças e diferenças entre estas variantes em termos de arranque lento, prevenção de congestionamentos, mudança de arranque lento para prevenção de congestionamentos, recuperação rápida e reconhecimento do formato e do processo.

Muitas propostas e ensaios são efectuados para melhorar o desempenho do TCP. Além disso, vários estudos provaram que o desempenho do TCP padrão é fraco em ligações de alta velocidade (Mbarek et al. 2008).

3.8 Outras variantes de TCP

Foram propostas muitas versões do TCP com o seu próprio mecanismo de controlo do congestionamento para funcionar em aplicações e plataformas específicas. O TCP Westwood baseia-se na estimativa da largura de banda de extremo a extremo (Mascolo et al. 2001). Em particular, o Westwood estima a largura de banda disponível na ligação calculando e filtrando o fluxo de dados a partir das confirmações de retorno. Em seguida, após o congestionamento, define a janela de congestionamento e o limiar de arranque lento, consoante a largura de banda disponível (Grieco & Mascolo 2004).

Alguns outros protocolos foram concebidos com um novo mecanismo de controlo de congestionamento, para funcionar em redes de alta velocidade e de grande área, como o High-Speed TCP (HSTCP) (De Souza & Agarwal 2003). O HSTCP usa a *cwnd* anterior para estimar o tamanho da nova janela (Floyd 2003). O Fast TCP (Jin et al. 2005) foi proposto para manter a estabilidade, reduzindo a resposta do remetente através do RTT, para resolver o problema da instabilidade da ligação.

O TCP escalável (Kelly 2003) depende do algoritmo AIMD. O Scalable aumenta linearmente e diminui multiplicativamente a janela de congestionamento e tenta aumentar a *janela* de congestionamento até ao tamanho máximo para explorar a largura de banda total da ligação. O BIC TCP é outra nova abordagem, que melhora o desempenho do TCP (Xu et al. 2004).

O BIC estima a largura de banda disponível e define o tamanho máximo da janela como janela de destino e mantém a *cwnd* atual como janela mínima. O BIC aplica uma exploração binária para aumentar a janela mínima para o nível médio entre as janelas mínima e máxima para cada novo ACK.

O BIC TCP é melhorado para o tornar menos agressivo e este novo TCP é designado por CUBIC (Ha et al. 2008). O CUBIC TCP usa o atraso entre os pacotes descartados para regular o *cwnd*. A mesma abordagem baseia-se no tempo de atraso entre os pacotes descartados para regular o tamanho da janela de congestionamento utilizada pelo Hamilton TCP (Leith & Shorten 2004).

O H-TCP foi proposto para diminuir o *cwnd*, caso detecte o estado de congestionamento, utilizando a relação entre o RTT mínimo e o RTT máximo, o que facilita a determinação do novo *cwnd*.

O TCP Linux (Wei et al. 2006) foi criado para a plataforma NS-2, para fornecer agentes TCP com base em Linux. O Linux é capaz de se recuperar mesmo com a retransmissão da perda de pacotes, porque o NS-2 define como padrão os timeouts do TCP.

Para além das anteriores extensões do TCP, tal como referido anteriormente, muitas outras versões foram concebidas e desenvolvidas para funcionar com diferentes aplicações em variantes de redes alargadas. Por exemplo, Snoop (Chouly et al. 1993), Freeze (Goff et al. 2000), Eifel (Ludwig & Katz 2000), Hybla (Caini et al. 2006) e ESSE (Giordano et al. 2008). Foram propostos cada vez mais mecanismos de controlo do congestionamento para servir uma tarefa específica, mas todos têm por objetivo proporcionar um débito elevado e evitar o congestionamento tanto quanto possível.

CAPÍTULO QUATRO

GERAÇÃO DE UM NOVO AGENTE TCP

Apesar de seu amplo emprego em redes com e sem fio, o TCP ainda é afetado por alguns problemas práticos. Um desses problemas é que o mecanismo de controle de congestionamento não permite que o fluxo de dados obtenha toda a largura de banda dos links da rede. Para resolver esse problema, muitos protocolos TCP foram propostos. No entanto, até à data, não existe um acordo final em termos do TCP de alta velocidade que deve ser adotado. Por conseguinte, os operadores podem exigir a utilização de diferentes TCP para transmitir dados através do mesmo caminho de rede partilhado.

Para implementar o novo TCP, foi proposto um novo mecanismo de controlo de congestionamento e os ficheiros de código fonte dos agentes TCP no NS-2 têm de ser modificados, fundindo os novos algoritmos com o TCP desenvolvido. Este capítulo apresenta um mecanismo de controlo de congestionamento melhorado, que consiste na fase de arranque lento, na fase de prevenção de congestionamento e na fase de retransmissão rápida.

4.1 Mecanismo de controlo de congestionamento proposto

A implementação do novo agente TCP no NS-2 implica o desenvolvimento de um novo mecanismo de controlo do congestionamento ou, pelo menos, a melhoria das fases de arranque lento ou de prevenção do congestionamento, modificando os parâmetros que controlam e ajustam a janela de congestionamento, como o *ssthresh*. As redes actuais e da futura geração utilizam ligações de alta velocidade e, na sua maioria, registam um baixo atraso de propagação. Por conseguinte, é importante criar um novo grupo de protocolos que possa proporcionar um desempenho razoável nestas ligações rápidas. Por outro lado, as técnicas tradicionais utilizadas nas variantes de origem do TCP não são capazes de ter um bom desempenho em redes de alta velocidade sem fios e o algoritmo padrão, como o arranque lento padrão, deve aumentar rapidamente a *cwnd*. Estas razões obrigam os criadores a propor novos mecanismos de elevado desempenho, que permitam completar a operação de transmissão num período de tempo mais curto e com menos perdas de pacotes.

Embora a melhoria do controlo do congestionamento tenha sido conseguida principalmente através da melhoria das fases de arranque lento ou de prevenção do congestionamento, várias versões melhoradas do TCP foram também construídas com base no novo controlo do congestionamento, modificando ambas as fases. A segunda abordagem é mais eficiente e mais fiável no controlo da janela de congestionamento, porque o arranque lento e a prevenção do congestionamento funcionam praticamente em conjunto e a interferência operacional entre eles controla a janela de congestionamento. Assim, o TCP proposto inclui uma ampla modificação e melhoria destes algoritmos-chave para obter um protocolo de alta velocidade com um controlo de congestionamento eficiente.

4.2 Representação do mecanismo de arranque lento

O TCP Tahoe suporta o algoritmo de arranque lento, que é a primeira fase do controlo do congestionamento. Se um pacote for transmitido através de ligações de rede com ambientes não identificados, é necessário que o TCP regule moderadamente a largura de banda da rede acessível para evitar o congestionamento da rede.

O procedimento de arranque lento é utilizado para resolver este problema na abertura da transferência, ou quando o temporizador de retransmissão detecta a perda de pacotes. Através do arranque lento, o TCP aumenta o *cwnd* em grande parte em MSS bytes por cada ACK recebido, o que confirmará o novo pacote a transmitir. A fase de arranque lento termina quando o *cwnd* excede o nível *ssthresh* ou quando o congestionamento é registado. O algoritmo de arranque lento utiliza *o cwnd* como parâmetro principal, pelo que o emissor TCP não pode transmitir para a rede os pacotes com dados não reconhecidos que excedam o tamanho do *cwnd.*

O algoritmo de arranque lento tem dois objectivos:

1. Para determinar o valor *cwnd*, que não é identificado quando a nova ligação é estabelecida (Liu et al. 2008).

2. Inicializar novos pacotes utilizando os pacotes reconhecidos como relógio, uma vez que o TCP é um protocolo de auto-relógio (Jacobson 1988).

No arranque lento proposto, o algoritmo é dividido em duas fases em cascata; a primeira fase é utilizada para aumentar rapidamente a janela de congestionamento, enquanto a outra fase é utilizada para se aproximar de *ssthresh* em incrementos pequenos e precisos. O algoritmo proposto é uma coleção de dois esquemas de incremento, um dos quais utiliza os incrementos duplicados se a janela de *congestionamento* for inferior ou igual a *ssthresh/2*, enquanto o outro incremento é utilizado no polinómio de interpolação de Lagrange. A segunda fase do arranque lento proposto é utilizada quando a primeira fase não é capaz de duplicar ainda mais o *cwnd.*

Para uma análise mais aprofundada do mecanismo de arranque lento proposto, a primeira fase começa quando o *cwnd* tem um valor inicial e começa a aumentar se o *cwnd* for inferior ou igual a *ssthresh/2.* No entanto, quando a duplicação do *cwnd* excede o *ssthresh*, a segunda fase começa a controlar o limite de aumento utilizando a abordagem de interpolação, para aproximar o valor seguinte do *cwnd.*

Nesta técnica, a *cwnd* é sempre aumentada por cada ACK recebido, mas o passo de incremento torna-se mais pequeno quando o valor *da cwnd* se aproxima de *ssthresh.* Estas duas fases são interrompidas quando a *cwnd* atinge o valor *ssthresh* e o controlo do congestionamento entra na fase de prevenção do congestionamento.

A sequência do algoritmo é a seguinte:

Sub-rotina a:

Passo 1: Inicialização: Definir: *cwnd=1*, *ssthresh* inicial = *ssthresh* (valor inicial),

Passo 2: Enviar pacotes utilizando o tamanho da janela *cwnd.*

Passo 3: para cada novo ACK recebido, passar ao passo 4;

Passo 4: se (*cwnd* ≤ *ssthresh*), então *cwnd* = 2 x *cwnd* então Passar ao passo 2;

Passo 5: se ocorrer um timeout de retransmissão ou se receber três DUBACKs, então *cwnd=ssthresh* e Avançar para o passo 2;

Passo 6 Se (*cwnd* > *ssthresh*), entrar na fase de prevenção de congestionamentos (sub-rotina c);

É de notar que, quando a ligação TCP é iniciada na fase de arranque lento, o aumento duplicado da *cwnd* começa até atingir *ssthresh* e, quando a *cwnd* se torna maior do que *ssthresh*, o TCP passa para a fase de prevenção de congestionamento. Quando o TCP detecta qualquer perda em qualquer um dos segmentos, este é um sinal robusto de congestionamento da rede; por conseguinte, como ação correctiva, o TCP reduz o fluxo do seu segmento diminuindo o *cwnd*, voltando depois novamente ao modo de arranque lento. Quando são recebidos três DUBACKs nesta fase, o TCP passa para o modo de retransmissão rápida, sem esperar pelo timeout de retransmissão.

Por exemplo, deixe *ssthresh* ser igual a 65535 bytes como valor inicial (este é o valor padrão) e *cwnd* ser igual a 1460 bytes, que representa o tamanho do segmento e significa *cwnd=1*.

Se *cwnd* < *ssthresh*, o TCP passa para o modo de arranque lento e *cwnd* aumenta de 1460 bytes para 23360 bytes na primeira fase crescente, além de se presumir que não há perda de segmentos durante o arranque lento. Durante o arranque lento, o *cwnd* aumenta em *2cwnd* por cada confirmação de receção bem sucedida.

O mecanismo de arranque lento proposto inclui muitas vantagens devido ao rápido crescimento da *cwnd*, tais como a redução do número de perdas de segmentos e também a minimização do tráfego de explosão no caminho da rede. Além disso, o desempenho rápido do algoritmo proposto ajudará a atrasar o tempo de congestionamento esperado.

4.3 Representação do mecanismo de prevenção de congestionamentos

O mecanismo de controlo do congestionamento do novo TCP inclui o algoritmo de prevenção do congestionamento, que consiste em três fases: a primeira fase baseia-se no algoritmo AIMD geral para ajustar o aumento/diminuição da janela de congestionamento para cada RTT ou quando o pacote é perdido. A relação entre a e b do AIMD geral é formulada para obter um elevado desempenho deste algoritmo. A relação do par de parâmetros a,b é melhorada através da derivação de uma nova relação entre eles que pode fornecer caminhos virtuais extra sobre a mesma ligação TCP. Além disso, a nova relação permite uma vasta gama de valores desejados para a e b, de acordo com o número de caminhos virtuais assumidos pelo utilizador. A relação entre a e b baseia-se no número de fluxos virtuais TCP, mas estes fluxos nem sempre são estimados dinamicamente, sendo definidos pelos utilizadores.

Para organizar o algoritmo final de prevenção de congestionamentos, e antes de implementar o AIMD, é necessário estimar o número ótimo de fluxos TCP virtuais de acordo com o tamanho da janela de congestionamento para o tamanho atual e o anterior.

Depois de estimar o número de fluxos virtuais TCPk , e quando$a=k$, então pode determinar o valor de$b$. A implementação do AIMD (a, b) para controlar os incrementos da janela de congestionamento baseia-se na estimativa dos fluxos virtualizados e na relação entre o par de parâmetros$a$ and b. Agora, quando$a=k$, a janela de congestionamento aumenta em $k/cwnd$ por RTT e o tamanho total de$cwnd$ é estimado. Se ocorrer uma perda, a janela de congestionamento é ajustada pelo parâmetro$b$, em que$b$

é calculado a partir da relação melhorada entre$a$ and b e limitado pelo número de fluxos virtuais $k = 1$.

De acordo com as duas últimas fórmulas, *k é* estimado com cada perda de pacote para controlar o tamanho da janela de congestionamento e, se não houver perda, a janela de congestionamento é continuamente aumentada em *1/cwnd* para cada RTT. A construção do algoritmo de prevenção de congestionamento inclui os seguintes procedimentos:

Sub-rotina c:

Passo 1: Para cada RTT, *cwnd* = *cwnd*+ (*1/cwnd*) ; Passar ao passo 2;

Passo 2: Se ocorrerem perdas, *cwnd* = *cwnd* - (2/(*3k*+*1*)) *cwnd* ; Passar ao passo 3;

Passo 3: Voltar ao passo 1;

4.4 Representação do algoritmo integrado de controlo de congestionamento

A integração entre o arranque lento proposto e a proposta de prevenção de congestionamento, bem como a estimativa do número ótimo de fluxos virtuais, representam o mecanismo de controlo de congestionamento que o TCP gerado irá suportar. Este TCP inclui um arranque rápido da janela e pode fornecer vários fluxos como uma ligação virtual entre o emissor e o recetor, através da mesma ligação, de modo a obter um débito elevado. O TCP proposto inclui muitas características para transmitir rapidamente pacotes através de ligações de rede. Por conseguinte, o TCP proposto seria um candidato importante para ser designado por TCP rápido. De facto, o TCP proposto e o algoritmo de controlo de congestionamento são implementados sobre o TCP Reno, para obter os benefícios dos algoritmos de recuperação rápida e de retransmissão rápida do controlo de congestionamento Reno.

O TCP Reno precisa de obter um ACK instantâneo, quando um segmento é recebido pelo destino. Isto deve-se ao facto de, quando a fonte recebe um ACK duplicado (DUPACK), este DUPACK poder ter sido possivelmente recebido, se o segmento seguinte tiver sofrido um atraso na conduta da rede e os segmentos puderem ter chegado fora de sequência ou se tiver ocorrido uma perda de pacotes.

Quando a fonte TCP Reno recebe um certo número de DUPACKs, demora o tempo necessário e, mesmo que o segmento tenha percorrido um caminho mais longo, tem de chegar ao destino. Como já foi referido, nas redes sem fios e nas redes de alta velocidade, existe uma grande probabilidade de ocorrerem perdas de pacotes. Assim, o TCP Reno propõe o algoritmo de retransmissão rápida, sendo que quando o remetente recebe três DUPACK's o segmento transmitido que foi perdido deve ser transmitido sem esperar pelo timeout. Outra razão para escolher o TCP Reno é que, após a perda de um segmento, o Reno não diminui o *cwnd* para um segmento ao contrário do Tahoe, pois a diminuição faz com que o pipeline da rede fique vazio.

O diagrama de transição de estados do mecanismo de controlo de congestionamento proposto, apresentado na figura 4.1, é composto por muitas fases, mas todas elas representam um controlo de congestionamento integrado. Sempre que três DUPACKs são recebidos, isso significa que o segmento já foi perdido e o algoritmo retransmite esse segmento novamente e entra no modo de recuperação rápida. Além disso, define *ssthresh* como metade do tamanho atual de *cwnd* e define *cwnd* como $cwnd\text{-}cwnd(2/(3k+1))$, em que k já foi estimado anteriormente e definido como 1. Por outro lado, para cada DUPACK recebido, o *cwnd* é aumentado em $k/cwnd$ e quando o aumento do *cwnd* excede a quantidade de segmentos no pipeline da rede, então a transmissão do novo segmento será atrasada.

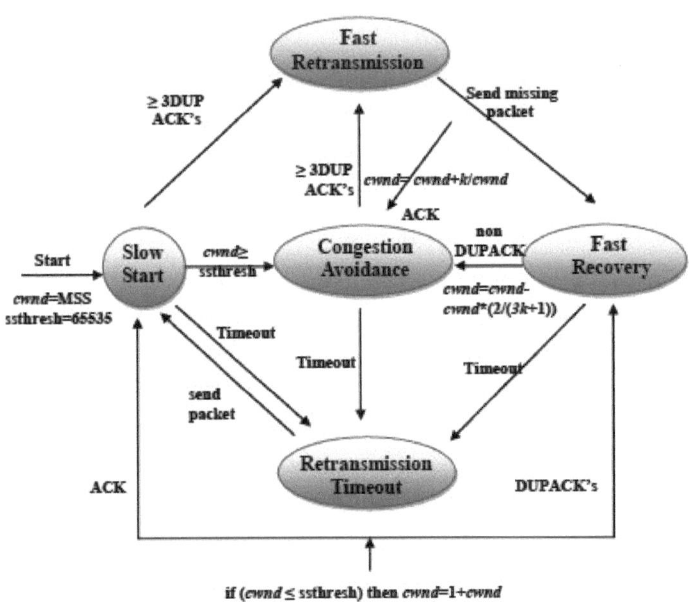

Figura 4.1 Diagrama de transição de estados do mecanismo de controlo de congestionamento proposto

4.5 Modelação do agente TCP Rapid no NS-2

O mecanismo de controlo de congestionamento proposto pode ser implementado com muitas variantes de TCP de origem, tais como Tahoe, Reno, Newreno e Fack, mas requer muitas modificações para obter o protocolo final. Por outro lado, o TCP modificado deve usar o mesmo nome do agente. Por estas razões, a geração de um novo TCP sobre a plataforma NS-2 representa uma solução adequada para monitorizar o desempenho do controlo de congestionamento proposto com o agente

TCP separado. Na verdade, a geração de um novo módulo TCP no NS-2 continua a ser um grande desafio para os utilizadores e programadores do NS-2 devido aos procedimentos complicados utilizados para o conseguir. Esses procedimentos incluem a adição e o desenvolvimento de alguns arquivos de código-fonte, a geração de arquivos de cabeçalho, a identificação de funções e a definição de novas variáveis.

4.6 Arquitetura do simulador de rede NS-2

O simulador de rede NS-2 (1989) é um simulador de rede de acesso livre, orientado para objectos e eventos discretos, que fornece uma estrutura para a construção de um protótipo de rede. O NS-2 identifica dados como parâmetros de entrada, analisa a saída de dados e apresenta resultados. As duas principais razões para o grande impacto do NS-2 são: é gratuito e de código aberto e adapta-se a muitos investigadores em laboratórios e universidades e a enorme variedade de módulos e objectos de rede que podem implementar o NS-2 (Olsén, 2003). O NS-2 é escrito em linguagem de programação C++, com uma linguagem de comando de ferramentas orientada para objectos (OTcl). A OTcl é utilizada para fornecer uma interface com o utilizador, que permite a execução dos dados especificados no modelo (scripts Tcl). Na sua maioria, os elementos de qualquer topologia de rede no NS-2 são estabelecidos como classes no estilo orientado para os objectos.

Para a modelação do TCP, o NS-2 oferece um apoio significativo à simulação, modelação, algoritmos de enfileiramento, algoritmos de encaminhamento e protocolos multicast do TCP. A modelação do TCP no NS-2 foi inicialmente baseada no código fonte do kernel da Berkeley Software Distribution (BSD) nos anos 90 (Wei & Cao 2006). Mais tarde, os módulos TCP no NS-2 ajudaram extremamente as equipas e grupos de investigação a avaliar e investigar o comportamento do TCP.

O NS-2 possui duas categorias de TCP; a primeira categoria é um TCP unidirecional, onde utiliza objetos com diversas classes nos lados emissor e recetor. No lado do remetente do TCP, algumas classes disponíveis são fornecidas para o TCP Tahoe, Newreno, Reno, Vegas, Sack e Fack. Já no lado do recetor, as classes disponíveis para o TCP são sem reconhecimentos atrasados e com reconhecimentos selectivos. Além disso, outras subclasses podem ser derivadas destas classes para aplicar as modificações necessárias aos mecanismos padrão de controlo de congestionamento.

A segunda categoria inclui o TCP bidirecional, em que o TCP utiliza objectos com a mesma classe nos lados do emissor e do recetor. De facto, os TCP de sentido único são mais utilizados do que os TCP de sentido duplo. A Figura 4.2 mostra um exemplo de hierarquia de objetos em C++ e OTcl. A conceção do NS-2 utiliza um modelo designado por conceção de objectos partilhados, o que significa que a arquitetura do NS-2 se baseia na programação em duas linguagens.

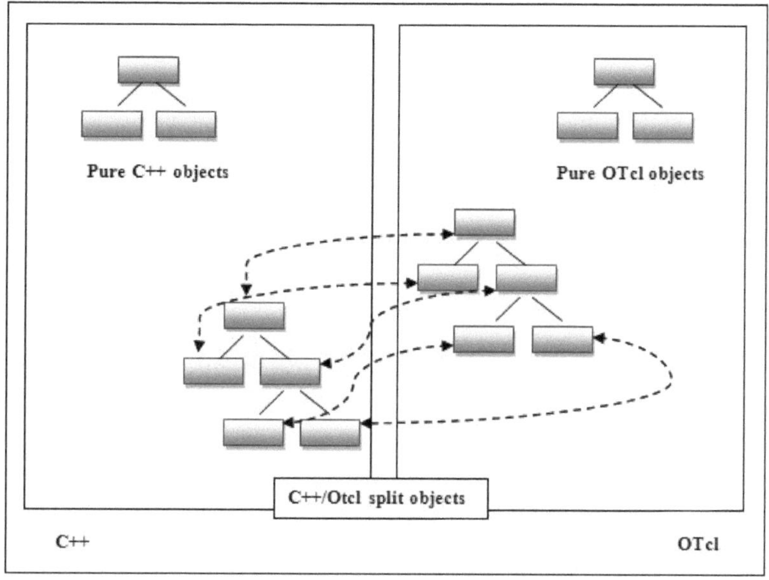

Figura 4.2 Hierarquia de objectos correspondente entre C++ e OTcl

Além disso, com estas duas linguagens, existe uma hierarquia correspondente dos objectos de rede e o objeto de cada uma está aberto à outra. Além disso, há objectos que só são acessíveis a uma parte do sistema por uma questão de eficiência.

O NS-2 utiliza C++ para escrever e compilar os componentes da rede no caminho dos dados, para reduzir o pacote e o tempo necessário para o processamento. Os objectos compilados pelo sistema NS-2 são disponibilizados ao interpretador OTcl através de uma ligação OTcl. Esta ligação gera objectos OTcl equivalentes para cada objeto C++ e cria as variáveis configuráveis que foram identificadas pelos objectos C++, para serem aplicadas como variáveis e funções associadas aos objectos OTcl correspondentes.

Deste modo, o controlo dos objectos C++ é acordado com o OTcl, o que permite alterar as variáveis ligadas do C++ a partir de um script do Tcl. Além disso, é possível acrescentar variáveis e funções à medida que um objeto C++ é ligado a um objeto OTcl. É certo que não é necessário controlar alguns dos objectos C++ durante a simulação, nem utilizá-los internamente por outros objectos, que não têm de estar ligados à OTcl. A Figura 4.3 ilustra a construção comum do NS-2 (Wang 2004).

Na Figura 4.3, pode supor-se que o utilizador (não o programador do NS-2) se encontra no canto inferior esquerdo enquanto concebe e executa as simulações em Tcl utilizando os objectos de simulação da biblioteca OTcl. A partir desse ponto, o utilizador pode deslocar-se para o canto superior direito, o que lhe dará uma maior compreensão e conhecimento do NS-2. O programador de eventos e muitos componentes da rede são executados utilizando a linguagem C++ e existentes no OTcl através de uma ligação OTcl, que é aplicada utilizando Tcl com classes (tclcl) como interface Tcl/C++.

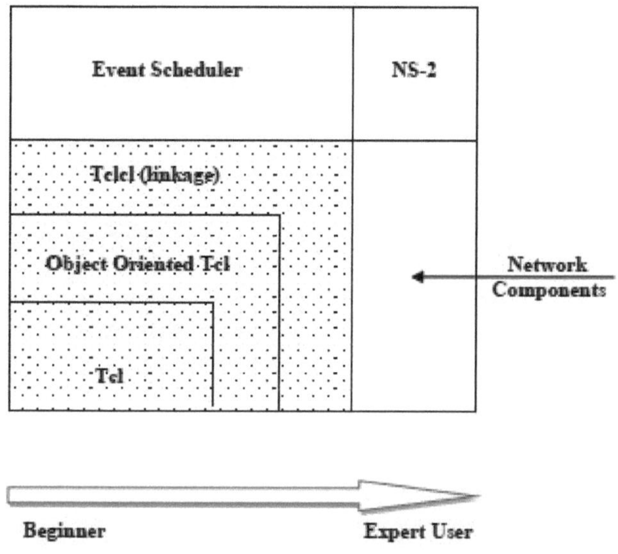

Figura 4.3 Estrutura arquitetónica do NS-2

4.7 Implementação do TCP Rapid Agent

Muitas implementações de protocolos TCP já estão disponíveis no NS-2, tais como *Agent/TCP/Reno, Agent/TCP/Newreno, Agent/TCP/Sack1, Agent/TCP/Vegas, Agent/TCP/Fack e Agent/TCP* (TCP Tahoe). O principal objetivo aqui é gerar um novo agente TCP para o TCP Rapid, para que ele possa ser identificado pelos componentes do NS-2. Além disso, é necessário fundir o mecanismo de controlo de congestionamento proposto com este novo agente.

Nesta implementação, o NS-2.32 é instalado sobre o Microsoft Windows XP Professional Service Pack 3 usando o Cygwin, onde o Cygwin fornece um ambiente semelhante ao Linux no Microsoft Windows. Como mostra a Figura 4.4, a modelação de um novo módulo no NS-2 deve ser construída numa classe C++ e numa classe OTcl (Wang 2004).

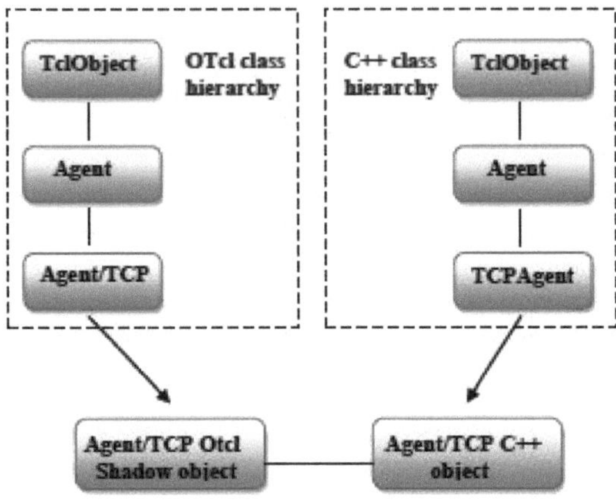

Figura 4.4 TclObject: Hierarquia e sombreamento

A classe TclObject representa a classe base da maioria das outras classes nas hierarquias compiladas e interpretadas. Os utilizadores do interpretador geram todos os objectos da classe TclObject. Por outro lado, o objeto sombra equivalente é gerado no lado compilado da hierarquia e estes dois objectos são mutuamente acompanhados. A outra classe importante é chamada de TclClass , que representa uma classe virtual pura no sistema NS-2.

A Figura 4.5 mostra a estrutura da TclClass, que consiste em duas categorias. A primeira categoria gera a hierarquia da classe interpretada, para refletir a hierarquia da classe compilada, enquanto a segunda categoria fornece métodos para gerar novos TclObjects. Assim, cada classe derivada deve ser associada a uma classe compilada específica na classe compilada.

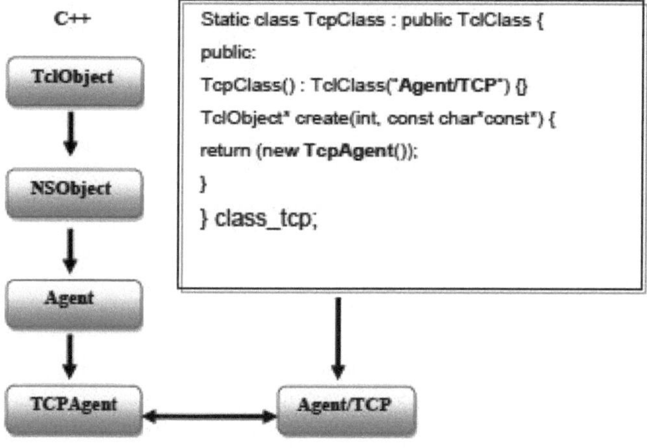

Figura 4.5 Um exemplo de TclCalss

O TCP Rapid é construído com o mesmo conceito do TCP Reno, com algumas modificações no controlo do congestionamento. Assim, a modelação e implementação do TCP Rapid utilizará os ficheiros fonte do Reno, modificará cada ficheiro separadamente e utilizará os ficheiros modificados para gerar o TCP Rapid como agente TCP independente. No TCP Rapid, a classe passa a ser RapidTcpClass, sendo derivada da TclClass e associada à classe RapidTcpAgent.

A hierarquia de classes compilada do RapidTcpAgent é derivada do TcpAgent e este, por sua vez, é derivado do TclObject. A classe RapidTcpClass é definida como:

```
static class RapidTcpClass: public TclClass {

public:

        RapidTcpClass() : TclClass("Agent/TCP/Rapid") {}

        TclObject* create(int argc, const char*const* argv) {

return (new RapidTcpAgent());

}
  } class_rapid;
```

O NS-2 executará o construtor de RapidTcpClass para a variável estática class_rapid, o construtor indica claramente a classe interpretada como Agent/TCP/Rapid, e isto identifica a hierarquia da classe interpretada. A convenção em NS-2 é utilizar o carácter de barra "/" como separador e para qualquer classe assumida A/B/C, representará uma subclasse de A/B, onde esta é uma subclasse de A, e A é uma subclasse de TclObject. No caso de RapidTcpClass, o construtor de TclClass cria três classes como, por exemplo, *Agent/TCP/Rapid subclasse* de *Agent/TCP* subclasse de *Agent subclasse de* TclObject. As classes geradas são associadas à classe RapidTcpAgent e geram novos objectos na classe associada.

4.8 Modificações necessárias nos ficheiros fonte do NS-2

Para garantir a compatibilidade do TCP Rapid como um novo protocolo na plataforma NS-2, são necessários muitos ficheiros fonte para gerar ou modificar o TCP Rapid de modo a torná-lo reconhecível e pronto a ser integrado no algoritmo de controlo de congestionamento proposto. Infelizmente, os procedimentos para adicionar o TCP Rapid nos arquivos do NS-2 são muito tediosos e complexos, pois não há documentação completa para essas rotinas.

O outro risco é que o NS-2 não ajuda na operação de compilação (todas as modificações necessárias são feitas usando C++). Assim, quando os programadores encontram erros, todos os passos efectuados têm de ser revistos e depurados.

Como os ficheiros modificados envolvidos aqui são baseados nas versões 2.3x do NS, o TCP proposto tem de ser testado na série NS-2.3x. Os passos de modificação podem ser ilustrados da seguinte forma (o Apêndice A inclui informações breves sobre os ficheiros modificados):

1. A primeira modificação foi aplicada ao ficheiro **ns-compact.tcl** na localização */ns-allinone-2.3x/ns-2.3x/tcl/lib/*, adicionando uma única linha como se mostra abaixo:

```
$self map_ns_defaults ns_rapidtcp
```

Em seguida, adicione as declarações abaixo no local correto do mesmo ficheiro:

```
# Agent/TCP/Rapid
TclObject set varMap_(rampdown) rampdown_
TclObject set varMap_(ss-div4) ss-div4_
```

Para além disso, é necessário acrescentar as duas afirmações que se seguem:

```
set classMap_(tcp-rapid) Agent/TCP/Rapid
set classMap_(rapidtcp) Agent/TCP/Rapid
```

2. Então, o ficheiro **Makefile.in** que se encontra em: */ns-allinone-2.3x/ns-2.3x/Makefile.in* precisa de adicionar uma única declaração nos mesmos grupos de outras variantes do TCP, conforme expresso abaixo:

```
tcp/tcp-rapid.o
```

3. Deve ser adicionada outra linha ao ficheiro **ns_tcl.cc** localizado em: */ns-allinone-2.3x/ns-2.3x/gen/ns_tcl.cc* como se segue:

```
$self map_ns_defaults ns_rapidtcp\n\
```

4. Devem ser adicionadas duas pequenas declarações ao ficheiro **FILES** na pasta principal do NS *ns-2.3x*, como indicado abaixo:

```
tcp/tcp-rapid.cc
tcp/tcp-rapid.h
```

Adicionalmente, no mesmo ficheiro, as quatro linhas seguintes devem ser adicionadas como se mostra abaixo:

```
tcl/test/test-output-tcpVariants/fourdrops_rapid.gz
tcl/test/test-output-tcpVariants/onedrop_rapid.gz
tcl/test/test-output-tcpVariants/threedrops_rapid.gz
tcl/test/test-output-tcpVariants/twodrops_rapid.gz
```

5. Na localização: */ns-allinone-2.3x/ns-2.3x/tcp* o ficheiro **tcp-fs.h** tem de envolver a rotina de identificação do TCP Rapid, tal como se diz a seguir:

```
/* TCP-FS with Rapid */

class RapidTcpFsAgent : public RapidTcpAgent, public
TcpFsAgent {
public:
RapidTcpFsAgent() : RapidTcpAgent(), TcpFsAgent() {}

      /* helper functions */

virtual void output_helper(Packet* pkt)
{TcpFsAgent::output_helper(pkt);}
virtual void recv_helper(Packet* pkt)
{TcpFsAgent::recv_helper(pkt);}
virtual void send_helper(int maxburst)
{TcpFsAgent::send_helper(maxburst);}
virtual void send_idle_helper()
{TcpFsAgent::send_idle_helper();}
virtual void recv_newack_helper(Packet* pkt)
{TcpFsAgent::recv_newack_helper(pkt);}

};
```

6. O último passo é obter uma cópia dos ficheiros **tcp-Reno.cc** e **tcp-Reno.h** e renomear estes dois ficheiros, passando a ser **tcp-Rapid.cc** e **tcp-Rapid.h**, respetivamente. O ficheiro **tcp-Rapid.h** caracteriza o ficheiro de cabeçalho que define o agente de encaminhamento e todos os temporizadores necessários, que executam a funcionalidade do protocolo TCP Rapid. Por outro lado, o ficheiro **tcp-Rapid.cc** irá executar todos os temporizadores, hooks Tcl e agente de encaminhamento. Após a configuração e a validação, o TCP Rapid será reconhecido pelo NS-2. De facto, o novo TCP representa um TCP

idêntico ao Reno e tem as mesmas características e um mecanismo de controlo de congestionamento semelhante.

No entanto, este TCP está preparado para modificar o controlo de congestionamento padrão baseado no AIMD (1, ½). Além disso, o Rapid interage positivamente com o algoritmo de arranque lento proposto, instalado no ficheiro **tcp.cc**, em vez do algoritmo de arranque lento padrão. São utilizados vários comandos para configurar e manipular os fluxos TCP Rapid durante as simulações. Estes parâmetros afectam o comportamento do TCP Rapid em diferentes ligações, como se mostra a seguir:

```
set tcp [new Agent/TCP/Rapid] ;              # create tcp agent
$ns_ attach-agent $node_(s1) $tcp ;          # bind src to node
$tcp set fid_ 0 ;                            # set flow ID field
set ftp [new Application/FTP] ;              # create ftp traffic
$ftp attach-agent $tcp ;                     # bind ftp traffic
                                             # to tcp agent
set sink [new Agent/TCPSink] ;               # create tcpsink agent

$ns_ attach-agent $node_(k1) $sink ;         # bind sink to node
$sink set fid_ 0 ;                           # set flow ID field
$ns_ connect $ftp $sink ;                    # active connection
                                             # src to sink
$ns_ at $start-time "$ftp start" ;           # start ftp flow
```

Como resultado, atualmente o agente TCP Rapid é quase semelhante ao agente do TCP Tahoe, exceto no que se refere ao modo de recuperação rápida. O número de DUPACKs inflaciona a janela de congestionamento atual que a fonte TCP recebeu, antes de receber o próximo ACK. Um próximo ACK denota qualquer ACK com uma taxa maior do que a mais alta vista até agora.

Além disso, o agente TCP Rapid não regressa ao modo de arranque lento durante uma retransmissão rápida. Em vez disso, define *cwnd* para metade do tamanho atual e define *ssthresh* para corresponder a este valor.

4.9 Integração do controlo de congestionamento melhorado no TCP rápido

Nesta fase, o TCP Rapid tem as mesmas especificações do Reno, mas funciona de forma independente como um novo agente TCP. A melhoria do desempenho do controlo de congestionamento do Rapid baseia-se na melhoria dos mecanismos de arranque lento e de prevenção de congestionamento e na manutenção das fases de recuperação rápida e de retransmissão rápida, que já estão presentes no Rapid, uma vez que provêm do Reno.

Depois de incluir as novas estratégias de arranque lento e de prevenção do congestionamento, o TCP Rapid funciona com um novo controlo do congestionamento e o comportamento do *cwnd* é controlado por uma nova técnica, para controlar o fluxo de pacotes na ligação à rede. A fusão do novo mecanismo de controlo do congestionamento está dividida em duas partes: o algoritmo de arranque lento e o algoritmo de prevenção do congestionamento. Estes dois algoritmos devem ser fundidos em ficheiros diferentes e requerem modificações diferentes, apesar de serem executados em conjunto. De facto, a fusão do algoritmo de arranque lento é tão fácil em comparação com a integração do algoritmo para evitar o congestionamento, porque o algoritmo de arranque lento funciona apenas sob uma condição, nomeadamente quando o *cwnd* é inferior ao *ssthresh* do caminho de rede, ao passo que a fusão do algoritmo para evitar o congestionamento está sujeita a muitos factores e condições.

4.10 Integração do algoritmo de arranque lento no TCP rápido

Como explicado acima, na estratégia de arranque lento proposta, o tamanho do *cwnd* é aumentado mais rapidamente duplicando o tamanho atual por dois e quando o tamanho toca ou excede o *ssthresh*, o algoritmo pára de duplicar e começa a utilizar a interpolação para aproximar *o cwnd* do *ssthresh*.

A operação de troca entre os algoritmos padrão e proposto ocorre num ficheiro denominado **tcp.cc** que contém as principais rotinas que controlam o comportamento da janela de congestionamento na fase de arranque lento. Este ficheiro está localizado na pasta */ns-allinone-2.3x/ns-2.3x/tcp* e utiliza o formato C++.

Na verdade, as alterações no algoritmo de arranque lento que foram incluídas no **tcp.cc** não terão impacto apenas no TCP Rapid, mas também nas outras versões do TCP, isto porque o algoritmo de arranque lento representa uma técnica comum e partilhada usada por muitos agentes TCP no NS-2.

A rotina de arranque lento começa por abrir a janela de congestionamento e, em seguida, entra no modo de arranque lento quando *cwnd* é inferior a *ssthresh* e, em seguida, aumenta o *cwnd* em um segmento. Caso contrário, quando *cwnd* é superior a *ssthresh*, o controlo do congestionamento passa para o modo de prevenção do congestionamento. No entanto, no esquema de arranque lento proposto, a condição de arranque lento depende de *cwnd* ser inferior ou igual a *ssthresh* para aumentar o tamanho de *cwnd.* Quando o controlo do congestionamento já não pode duplicar a *cwnd* (neste caso, quando a *cwnd* atual se situa na região entre *ssthresh/2* e *ssthresh*), é utilizada uma nova abordagem para aumentar a *cwnd.* O pseudocódigo dos algoritmos de arranque lento padrão e melhorado envolvidos no **tcp.cc é** expresso da seguinte forma

```
/* open up the congestion window */

void TcpAgent::opencwnd()
{

double increment;

/* Standard slow-start */


if (cwnd_ < ssthresh_) {

cwnd_ += 1;
    }
```

Nesta rotina, o algoritmo de arranque lento padrão é mantido na rotina, mas em modo passivo apenas para explicação e escolha, o comando "else" denota a entrada em modo de prevenção de congestionamento, quando o tamanho de *cwnd* atinge *ssthresh*.

4.11Integrando a prevenção de congestionamento no TCP rápido

A implementação do mecanismo de prevenção de congestionamento para o TCP Rapid exige a modificação do ficheiro **tcp.cc**. Este ficheiro é responsável por controlar o tamanho da janela na fase de prevenção de congestionamentos e por limitar o tamanho da janela após o timeout e quando o ACK é recebido. Existe outro ficheiro chamado **tcp-rapid.cc,** que controla a recuperação rápida e a retransmissão rápida do *cwnd.* O ficheiro **tcp-rapid.cc** será mantido inalterado, uma vez que não há variação no algoritmo de recuperação rápida e de retransmissão rápida, porque o TCP Rapid se comporta como o Reno durante estas duas fases.

No modo crescente, o controlo de congestionamento tem de aumentar a janela em *k/cwnd* por cada ACK recebido. Inicialmente, o valor de *k* é definido como um, o que significa que o número de fluxos virtuais do TCP

Rapid começará com um único fluxo e, em seguida, o valor de *k* será estimado de acordo com a condição de congestionamento da rede. Para identificar o valor inicial de *k*, é importante definir o valor inicial com o valor inicial de *cwnd*.

Por conseguinte, o local previsto para identificar o valor de *k* é expresso na seguinte rotina em **tcp.cc**, como indicado abaixo:

```
// in 1-way TCP, syn_ indicates we are modeling
// a SYN exchange at the beginning. If this is true
// and we are delaying growth, then use an nial
// window of one. If not, we do whatever initial_window()
// says to do.
void
TcpAgent::set_initial_window()
{
        if (syn_ && delay_growth_)
            {
        cwnd_ = 1.0 ;  /* initial value of cwnd is 1 MSS */
        k_ = 1.0 ;     /* initial value of flows is 1 */

            }

        else

            cwnd_ = initial_window();
}
```

No ficheiro **tcp.cc** existe uma rotina separada relacionada com a execução do Reno, quando o DUPACK é recebido, onde o *cwnd* pode ser redimensionado de acordo com o AIMD (*k*,2/(3*k*+*1*)). A abordagem decrescente pode ser aplicada aqui, porque há uma indicação de que alguns dos segmentos já foram perdidos. Esta rotina deve definir *ssthresh* para metade do tamanho atual de *cwnd* (*sstresh=cwnd/2*) e definir *cwnd* para se tornar *cwnd-cwnd(2/(3k+1))*. O valor de *k* também pode ser estimado aqui, através da estimativa do tamanho atual e anterior de *cwnd* ou antes e depois da ocorrência de perda.

A sub-rotina modificada para determinar o tamanho da janela de congestionamento após a ocorrência de perdas, para além da estimativa do número de fluxos TCP Rapid, é representada da seguinte forma

```
case 1:
/* TCP Rapid DUPACKs, or after a recent congestion indication */


    /* decrease cwnd by 2/(3k+1) instead of ½ in Reno      */

            cwnd_ = cwnd_ *(1-(2/(3*k_+1))) ;


          /* update ssthresh */

            ssthresh_ = cwnd_/2 ;

          /* Estimation of number of TCP Rapid flows k */


            k_ = 0.5*(f_ /(f_ -cwnd_))  ;


    /* f is temporary variable to store the previous cwnd */

            f_ = cwnd_ ;


break;
```

A implementação da outra parte do AIMD (k,2/($3k$+1)) denota a fase de aumento após a ocorrência de congestionamento com cada RTT. Atualmente, no **tcp.cc** existem nove algoritmos para evitar o congestionamento, e cada um utiliza técnicas diferentes para aumentar a janela, como o algoritmo proposto por Floyd & Jacobson (1991) ou o algoritmo do High-Speed TCP.

A fórmula crescente para o TCP Rapid é definida no caso cinco e o número deste caso é associado ao agente do TCP Rapid.

Este caso pode ser escrito da seguinte forma simples:

```
case 5:

    cwnd_ =cwnd_ + (k_/cwnd_);
```

As três fases de implementação do AIMD (*k*,2/(3*k*+*1*)) como algoritmo de controlo de congestionamento para o TCP Rapid estão envolvidas no ficheiro **tcp.cc, para** além das outras duas fases, como a recuperação rápida e a retransmissão rápida, em que estes dois algoritmos são mantidos no ficheiro original **tcp-rapid.cc** e as modificações são efectuadas no ficheiro principal **tcp.cc**.

O passo final para considerar o Rapid no NS-2 baseia-se na configuração e validação, para garantir que o Rapid se torna compatível e reconhecível a partir dos principais componentes e elementos do NS-2. Esse processo é executado usando três comandos em cascata: /configure, make, e ./validate-full (no NS-2.34 deve ser usado ./validate em vez de validate-full).

A figura 4.6 mostra a captura de ecrã do processo de validação recentemente concluído.

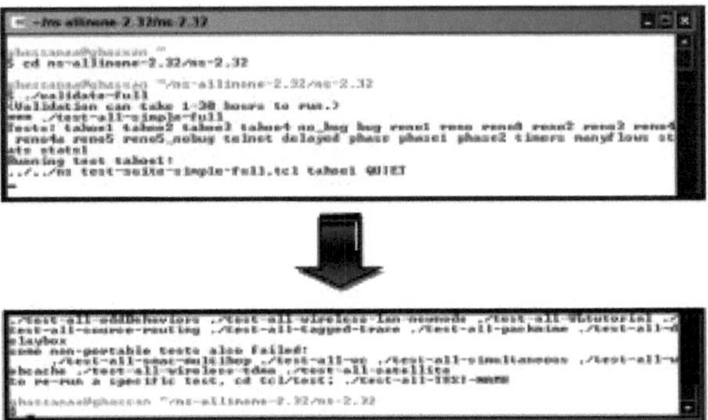

Figura 4.6 Captura de ecrã da validação do NS-2 depois de adicionar o TCP Rapid

Além disso, é utilizado um script simples para testar a funcionalidade do Rapid com uma topologia simples, para provar que o Rapid está pronto para ser experimentado numa topologia simples com um cenário direto. A Figura 4.7 mostra a janela de congestionamento padrão do TCP Rapid numa topologia de rede simples.

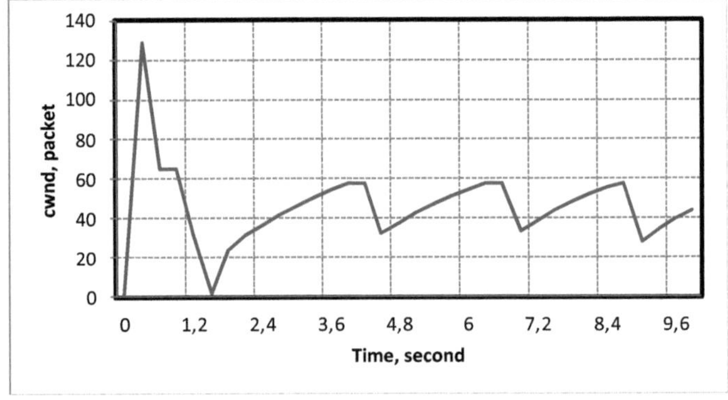

Figura 4.7 A janela de congestionamento padrão do TCP Rapid

REFERÊNCIAS

Abrahamsson, H., Hagsand, O. & Marsh, I. 2002. TCP sobre ligações de capacidade variável de alta velocidade: A *Simulation Study for Bandwidth Allocation (Um estudo de simulação para atribuição de largura de banda)*. 117-129.

Afif, M., Martins, P., Tabbane, S. & Godlewski, P. 2005. Um mecanismo de camada cruzada SCTP-Camada 2 para transferência de dados em redes sem fios (aplicação a EGPRS).

Alex, S. 2006. Camadas de redes de computadores. *Notas de aula CIS748*. Disponível em: http://www.theparticle.com/cs/bc/net/layers.pdf

Allcock, W., Hegde, S. & Kettimuthu, R. 2005. Arranque lento restrito para TCP. *Conferência Internacional do IEEE em Computação de Cluster*. 1-2.

Antila, J. 2005. Simulações de desempenho de TCP usando Ns2. Disponível em: http://web.mst.edu/~bckd2/CpE401/project/NS2%20simulations/special_study%20on%20TCP.pdf

Bajkó, G., Moldován, I., Pop, O. & Bíró, J. 2004. TCP Flow Control Algorithms for Routers (Algoritmos de controlo de fluxo TCP para encaminhadores). *High Speed Networks Laboratory, Department of Telecommunications and Telematics, Technical University of Budapest-Hungary*.0-4.

Bansal, D. 2005. Controlo de taxa TCP de terceiros. Disponível em:

http://www.novell.com/connectionmagazine/2001/05/sequence51.pdf

Brakmo, L. S., O'malley, S. W. & Peterson, L. L. 1994. TCP Vegas: New Techniques for Congestion Detection and Avoidance. *Departamento de Ciência da Computação, Universidade do Arizona*. 24-35.

Bartók, I. & Cselényi, I. 2001. Implementação e Avaliação do Algoritmo de Gestão Ativa de Filas de Espera BLUE. Tese de diploma, Universidade de Tecnologia e Economia de Budapeste.

Caini, C., Liberato, N. C., Firrincieli, R. & Giambene, G. 2006. TCP Hybla Performance in GEO Satellite Networks: Simulations and Testbed. *Workshop internacional sobre comunicações por satélite e espaciais*.41-45.

Carney, V. 2008. Integridade da mensagem, entrega fiável, confirmações, não repúdio e encriptação. Disponível em: http://www.veritycarney.net/articles/Message_Integrity.pdf

Cavendish, D., Kumazoe, K., Tsuru, M., Oie, Y. & Gerla, M. 2009. CapStart: Um arranque lento TCP adaptável para redes de alta velocidade. *Conferência Internacional sobre INTERNET*. 15-20.

Chan, Y. C., Chan, C. T. & Chen, Y. C. 2004. Melhoria do desempenho do TCP Vegas em redes heterogéneas. *24th Conferência Internacional sobre Workshops de Sistemas de Computação Distribuída*. 36-41.

Chappell, L. 2001. Sequenciamento de TCP e janelas deslizantes. *Novel Certified Professional*. Disponível em:

http://www.novell.com/connectionmagazine/2001/05/sequence51.pdf

Cheng, R. S., Lin, H. T., Hwang, W. S. & Shieh, C. K. 2005. Improving The Ramping up Behaviour of TCP Slow Start (Melhorando o comportamento de aumento de velocidade do TCP Slow Start). *19th Conferência Internacional sobre Redes e Aplicações de Informação Avançada.* 807-812.

Chiu, D. M. & Jain, R. 1989. Analysis of the Increase and Decrease Algorithms for Congestion Avoidance in Computer Networks (Análise dos algoritmos de aumento e diminuição para evitar congestionamentos em redes de computadores). *Redes de computadores e sistemas ISDN* 17(1): 1-14.

Chouly, A., Brajal, A. & Jourdan, S. 1993. Técnicas multicarrier ortogonais aplicadas a sistemas CDMA de espalhamento de espetro de sequência direta. *Conferência Global de Telecomunicações do IEEE.* 1723-1728.

Corral, G., Zaballos, A., Fulgueira, T. & Abella, J. 2000. Estudo baseado em simulação dos mecanismos de controlo de fluxo TCP utilizando o OPNET Modeler. Disponível em: http://web.salleurl.edu/~tomasf/index_fitxers/article.pdf

de AE Lima, M. M., da Fonseca, N. L. S. & de Rezende, J. F. 2003. Sobre o Desempenho de Mecanismos de Recuperação de Perdas TCP. *Conferência Internacional de Comunicações do IEEE.* 1812-1816.

De Souza, E. & Agarwal, D. 2003. Report on A High-Speed TCP Study. *Characteristics and Deployment Issues, Lawrence Berkeley National Lab.* Berkeley, EUA.

Demers, A., Keshav, S. & Shenker, S. 1989. Analysis and Simulation of a Fair Queueing Algorithm (Análise e Simulação de um Algoritmo de Enfileiramento Justo). *ACM SIGCOMM Computer Communication Review* 19(4): 1-12.

Eddy, W. & Swami, Y. 2005. Report on Adapting End Host Congestion Control for Mobility (Relatório sobre a adaptação do controlo de congestionamento do anfitrião final para a mobilidade). *Administração Nacional da Aeronáutica e do Espaço*. EUA.

Ekiz, N., Rahman, A. H. & Amer, P. D. 2011. Misbehaviours in TCP SACK Generation. *ACM SIGCOMM Computer Communication Review* 41(2): 16-23.

Fahmy, S. & Karwa, T. P. 2000. Relatório sobre o Controlo de Congestionamento TCP: Overview and Survey of Ongoing *Department of Computer Science Research, Purdue University*. França.

Fall, K. & Floyd, S. 1996. Simulation-based comparisons of Tahoe, Reno and SACK TCP. *ACM SIGCOMM Computer Communication Review* 26(3): 5-21.

Fisk, M. & Feng, W. 2001. Dynamic Right-Sizing in TCP. Disponível em: http://library.lanl.gov/cgi-bin/getfile?00796247.pdf

Floyd, S. 1996. Questões de TCP com SACK. Relatório técnico, janeiro de 1996. Disponível em: ftp://ftp.ee.lbl.gov/papers/issues_sa.pdf

Floyd, S. 2003. HighSpeed TCP for Large Congestion Windows (TCP de alta velocidade para grandes janelas de congestionamento). Disponível em: http://rsync.tools.ietf.org/html/rfc3649

Floyd, S. 2004. Arranque lento limitado para TCP com grandes janelas de congestionamento. Disponível em: https://art.tools.ietf.org/html/rfc3742

Floyd, S., Handley, M. & Padhye, J. 2000. A Comparison of Eequation-based and AIMD Congestion Control. Disponível em:

http://citeseerx.ist.psu.edu/viewdoc/download?doi=10.1.1.37.7442 &rep=rep1&type=pdf

Floyd, S., Handley, M. & Padhye, J. 2000a. A Comparison of Equation-Based and AIMD Congestion Control. *ACIRI*. Disponível em: http://web.cs.wpi.edu/~claypool/courses/525-S01/slides/FHP00.pdf

Floyd, S., Henderson, T. & Gurtov, A. 1999. The NewReno Modification to TCP's Fast Recovery Algorithm. RFC 2582. Disponível em: http://www.hjp.at/doc/rfc/rfc3782.html

Floyd, S. & Jacobson, V. 1991. Traffic phase effects in packet-switched gateways (Efeitos de fase de tráfego em gateways comutados por pacotes). *ACM SIGCOMM Computer Communication Review* 21(2): 26-42.

Giordano, S., Pagano, M., Procissi, G. & Secchi, R. 2008. A Simple Markovian Model of TCP Startup Behaviour (Um modelo markoviano simples do comportamento de arranque do TCP). Disponível em: http://citeseerx.ist.psu.edu/viewdoc/download?doi=10.1.1.109.4152&rep=rep1&type=pdf

Goff, T., Moronski, J., Phatak, D. S. & Gupta, V. 2000. Freeze-TCP: A True end-to-end TCP Enhancement Mechanism for Mobile Environments. *19th Conferência Anual Conjunta das Sociedades de Computadores e Comunicações do IEEE*. 1537-1545.

Grieco, L. A. & Mascolo, S. 2004. Avaliação do desempenho e comparação do controlo de congestionamento do Westwood+, New Reno e Vegas TCP. *ACM SIGCOMM Computer Communication Review* 34(2): 25-38.

Gurtov, A. 2000. Desempenho do TCP na Presença de Congestionamento e Perdas por Corrupção. *Tese de Mestrado, Universidade de Helsínquia, Departamento de Informática*, Finlândia.

Ha, S., Rhee, I. & Xu, L. 2008. CUBIC: Uma nova variante de TCP de alta velocidade amigável ao TCP. *ACM SIGOPS Operating Systems Review* 42(5): 64-74.

Haeri, M. & Rad, A. H. M. 2004. TCP Retransmission Timer Adjustment Mechanism Using Model-based RTT Predictor. *5th Conferência Asiática sobre Controlo.* 686-693.

Hengartner, U., Bolliger, J. & Gross, T. 2000. TCP Vegas Revisited. *19th Conferência Anual Conjunta das Sociedades de Computadores e Comunicações do IEEE.* 1546-1555.

Henna, S. 2009. A Throughput Analysis of TCP Variants in Mobile Wireless Networks (Análise do rendimento de variantes do TCP em redes móveis sem fio). *Terceira Conferência Internacional sobre Aplicações, Serviços e Tecnologias Móveis de Próxima Geração.* 279-284.

Ho, C. Y., Chan, Y. C. & Chen, Y. C. 2005. Um mecanismo melhorado de arranque lento para TCP Vegas. *Journal of Communications and Networks*. 405-411 Vol. 401.

Hughes. 2006. TCP Revisited. Disponível em: http://www.hsc.com/Portals/0/Uploads/Articles/HSC-TCP Revisited633851531918260439.pdf

Iguchi, T., Hasegawa, G. & Murata, M. 2005. A New Congestion Control Mechanism of TCP with Inline Network Measurement (Um novo mecanismo de controlo de congestionamento do TCP com medição de rede em linha). *Information Networking. Convergence in Broadband and Mobile Networking*: 109-121.

Islam, M. S., Kashem, M., Sadid, W., Rahman, M., Islam, M. & Anam, S. 2009. Variantes do TCP e parâmetros de rede: uma análise exaustiva do desempenho. *Conferência Internacional Multi de Engenheiros e Cientistas Informáticos.* 1-6.

Iyengar, J., Ford, B., Amin, S. O., Nowlan, M. F. & Tiwari, N. 2011. Wire-Compatible Unordered Delivery in TCP and TLS. *Arxiv preprint arXiv:1103.0463.*

Jacobson, V. 1988. Congestion Avoidance and Control. Universidade da Califórnia em Berkeley. 314-329. Disponível em: http://ee.lbl.gov/papers/congavoid.pdf

Jain, R. & Ramakrishnan, K. 1988. Congestion Avoidance in Computer Networks with a Connectionless Network Layer: Conceitos, objectivos e metodologia. 134-143.

Jamal, H. & Sultan, K. 2008. Análise de desempenho dos algoritmos de controlo de congestionamento TCP. *Revista Internacional de Computadores e Comunicações* 2(1): 18-24.

Jin, C., Wei, D., Low, S. H., Bunn, J., Choe, H. D., Doylle, J., Newman, H., Ravot, S., Singh, S. & Paganini, F. 2005. FAST TCP: da teoria às experiências. *Network, IEEE* 19(1): 4-11.

Karn, P. & Partridge, C. 1987. Improving round-trip time estimates in reliable transport protocols. *ACM SIGCOMM Computer Communication Review* 17(5): 2-7.

Kelly, T. 2003. Scalable TCP: Improving Performance in Highspeed Wide Area Networks. *ACM SIGCOMM Computer Communication Review* 33(2): 83-91.

Kettimuthu, R. & Allcock, W. 2004. Improved Selective Acknowledgment Scheme for TCP (Esquema de reconhecimento seletivo melhorado para TCP). *Conferência Internacional sobre Computação na Internet.* 913-919.

Kodama, M., Hasegawa, G. & Murata, M. 2008. Experiências de implementação do TCP Symbiosis: mecanismos bio-inspirados para o controlo do congestionamento na Internet. *Actas da CQR.*

Koga, H. 2009. Reconhecimento dinâmico de TCP com janela deslizante. *Theoretical Computer Science* 410(8-10): 914-925.

La, R. J., Mo, J., Walrand, J. & Anantharam, V. 1998. A Case for TCP Vegas and Gateways using Game Theoretic Approach. Disponível em: http://walrandpc.eecs.berkeley.edu/Papers/game.pdf

La, R. J., Walrand, J. & Anantharam, V. 1999. *Issues in TCP Vegas.* Laboratório de Investigação Eletrónica, Faculdade de Engenharia, Universidade da Califórnia.

Lai, Y. C. & Yao, C. L. 2001. Algoritmos de controlo de congestionamento TCP e uma comparação de desempenho. *Décima Conferência Internacional sobre Comunicações e Redes de Computadores.* 523-526.

Law, K. L. E. & Hung, W. C. 2001. Problemas e soluções para o processo de arranque lento do TCP. Disponível em: http://citeseerx.ist.psu.edu/viewdoc/download?doi=10.1.1.67.8163 &rep=rep1&type=pdf

Leith, D. & Shorten, R. 2004. H-TCP: TCP para redes de alta velocidade e longa distância. Conferência da *PFLDnet'04.*

Lin, D. & Kung, H. 1998. Estratégias de recuperação rápida do TCP: Analysis and Improvements. *Décima sétima Conferência Anual Conjunta das Sociedades de Computação e Comunicações do IEEE.* 263-271.

Liu, Y., Huang, H., Xu, K. & Yang, C. 2008. Desenvolvimento de arranque lento em redes sem fios. *Multisimpósios internacionais sobre informática e ciências computacionais*. 106-109.

Low, S. H., Peterson, L. L. & Wang, L. 2002. Understanding TCP Vegas: a Duality Model. *Journal of the ACM (JACM)* 49(2): 207-235.

Ludwig, R. & Katz, R. H. 2000. O Algoritmo Eifel: Making TCP Robust Against Spurious Retransmissions. *ACM SIGCOMM Computer Communication Review* 30(1): 30-36.

Luglio, M., Roseti, C. & Gerla, M. 2004. The Impact of Efficient Flow Control and OS Features on TCP Performance over Satellite Links. *ASSI Satellite Communication Letter (Sat-Comm Letter), 9th edition, special issue on Multimedia Satellite Communication* 3(1): 1-9.

Mahmoodi, T. 2009. Melhorias no desempenho da camada de transporte em redes sem fio. Tese, Universidade de Londres.

Mascolo, S., Casetti, C., Gerla, M., Sanadidi, M. Y. & Wang, R. 2001. TCP Westwood: Bandwidth Estimation for Enhanced Transport over Wireless Links. *7th Annual International Conference on Mobile Computing and Networking*. 287-297.

Mathis, M., Semke, J., Mahdavi, J. & Ott, T. 1997. The Macroscopic Behaviour of the TCP Congestion Avoidance Algorithm (O comportamento macroscópico do algoritmo de prevenção de congestionamento TCP). *ACM SIGCOMM Computer Communication Review* 27(3): 67-82.

Mbarek, R., Othman, M. T. B. & Nasri, S. 2008. Avaliação do desempenho de protocolos TCP concorrentes de alta velocidade. *IJCSNS* 8(6): 99-105.

MIT6.02. 2010. Camadas de rede. *MIT 6.02 DRAFT Lecture Notes* LECTURE 21. Disponível em: http://web.mit.edu/6.02/www/s2010/handouts/lectures/L21-notes.pdf

Modi, N. 2008. Avaliação do desempenho de variantes do TCP em redes UMTS. Disponível em: http://uu.diva-portal.org/smash/get/diva2:174009/FULLTEXT01

Möller, N. 2005. *Controlo automático em TCP sobre redes sem fios*. Escola de Engenharia Eléctrica, Instituto Real de Tecnologia.

Moraru, B., Copaciu, F., Lazar, G. & Dobrota, V. 2003. Análise prática de implementações TCP: Tahoe, Reno, Newreno. *Conferência Internacional RoEduNet.* 125-138.

NS-2, 1989. Simulador de Rede 2. Disponível em: http://www.isi.edu/nsnam/ns/

Olsén, J. 2003. *Modelação e Simulação Estocástica do Protocolo TCP*. Departamento de Matemática, Universidade de Uppsala.

Ong, B. L. & Badlishah, R. 2011. Avaliação do desempenho do TCP Vegas versus diferentes variantes TCP em redes com fios homogéneas e heterogéneas. *WASET Journal* (74): 179-185.

Parvez, N., Mahanti, A. & Williamson, C. 2006. TCP NewReno: Slow-but-Steady or Impatient? *Conferência Internacional de Comunicações do IEEE.* 716-722.

Podlesny, M. & Williamson, C. 2010. Providing Fairness between TCP NewReno and TCP Vegas with RD Network Sservices. *18th Workshop Internacional sobre Qualidade de Serviço*. 1-9.

Qureshi, B., Othman, M. & Hamid, N. 2009. Progress in Various TCP Variants. *2nd Conferência Internacional sobre Computação, Controlo e Comunicação.* 1-6.

Rahman, M., Kabir, A., Lutfullah, K., Hassan, Z. & Amin, M. 2008. Fair Comparisons of Different TCP Variants for Future Deployment of Networks (Comparações justas de diferentes variantes de TCP para implantação futura de redes). *Conferência Internacional sobre Eletrónica, Computadores e Comunicações*. 260-263.

Sanadhya, S. & Sivakumar, R. 2011. Controlo de fluxo adaptativo para TCP em telemóveis. *INFOCOM, 2011 Proceedings IEEE*. 2912-2920.

Sarolahti, P. 2007. Desempenho do TCP em redes sem fios heterogéneas. Disponível em: https://www.doria.fi/handle/10024/

Sarolahti, P. & Kuznetsov, A. 2002. Controlo de Congestionamento no Linux TCP. *Conferência Técnica Anual da USENIX.* 49-62.

Sharma, P. 2006. Análise de desempenho de protocolos de controlo de transporte de alta velocidade. Tese da Universidade de Clemson.

Shirazi, H. 2009. Controlo inteligente de congestionamento em redes TCP/IP. *Journal of Information and Communication Technology* 2(2): 73-78.

Sing, J. & Soh, B. 2005. TCP New Vegas: Melhorando o desempenho do TCP Vegas em links de alta latência. *Quarto Simpósio Internacional do IEEE sobre Computação e Aplicações de Rede*. 73-82.

Siyan, K. S. & Parker, T. 2002. *TCP/IP*. Milano: Apogeo Editore.

Subedi, L., Najiminaini, M. & Trajkovi , L. 2008. Avaliação do desempenho do TCP Tahoe, Reno, Reno com SACK e NewReno usando o OPNET Modeler. *Laboratório de Redes de Comunicação - OPNET technologies.*

Swales, A. 1999. Especificação aberta Modbus/TCP. Disponível em: http://194.206.139.68/~rellier/archives/2011_2012/tp/openmbus_specif.pdf

Tayade, M., Sharma, V. & Sahu, S. 2011. Revisão de diferentes variantes de TCP em redes Adhoc. *Revista Internacional de Ciências da Engenharia* 3.

Vallamsundar, B., Zhu, J., Ponnambalam, K., Huang, C., Srinivasan, A. & Cheng, B. 2007. Congestion Control for Adaptive Satellite Communication Systems Using Intelligent Systems (Controlo de Congestionamento para Sistemas de Comunicação por Satélite Adaptativos Utilizando Sistemas Inteligentes). *Simpósio Internacional sobre Sinais, Sistemas e Eletrónica.* 415-418.

Wang, H., Xin, H., Reeves, D. S. & Shin, K. G. 2000. A Simple Refinement of Slow-Start of TCP Congestion Control. *Quinto Simpósio IEEE sobre Computadores e Comunicações*. 98-105.

Wang, J. 2004. Tutorial NS-2. *Grupo de Redes Multimédia, Departamento de Ciências da Computação, UVA.*

Wang, Q. & Yuan, D. 2008. Um mecanismo melhorado de controlo de congestionamento TCP com janela de congestionamento adaptável. *Simpósio internacional sobre avaliação do desempenho de sistemas informáticos e de telecomunicações.* 231-235.

Wei, D. X. & Cao, P. 2006. NS-2 TCP-Linux: Uma Implementação NS-2 TCP com Algoritmos de Controlo de Congestionamento do Linux. *Workshop sobre NS-2.*

Welzl, M., Goutelle, M., He, E., Kettimut, R., Hegde, S., Gu, Y., Allcock, W., Kettimuthu, R., Leigh, J. & Primet, P. 2005. A

Survey of Transport Protocols other than "Standard" TCP (Um estudo de protocolos de transporte diferentes do TCP "padrão"). DOI: 10.1.1.60.6440

Wojek, C., Dorkó, G., Schulz, A. & Schiele, B. 2008. Janelas deslizantes para localização rápida de classes de objectos: Uma técnica paralela. *Reconhecimento de Padrões*: 71-81.

Wu, H., Feng, Z., Guo, C. & Zhang, Y. 2010. ICTCP: Controlo de Congestionamento de Incast para TCP em redes de centros de dados. *6th Conferência Internacional, ACM.* 13-19.

Xu, L., Harfoush, K. & Rhee, I. 2004. Controlo de congestionamento por aumento binário (BIC) para redes rápidas de longa distância. *Vigésima terceira Conferência Anual Conjunta das Sociedades de Computação e Comunicações do IEEE.* 2514-2524.

]

APÊNDICES

APÊNDICE A

Breve descrição dos ficheiros de origem NS-2

Nome do ficheiro	**Localização em NS-2.3x**	**Função**
tcp.cc	*/ns-allinone-2.3x/ns-2.3x/tcp/*	Incluindo as principais rotinas de arranque lento, de prevenção de congestionamentos e outras rotinas de recuperação e definindo os valores iniciais de controlo dos congestionamentos.
ns-compact.tcl	*/ns-allinone-2.3x/ns-2.3x/tcl/lib/*	Incluir objectos de origem que não sejam derivados de TclObject e especificar os tipos e definições de fila.
makefile.in	*/ns-allinone-2.3x/ns-2.3x/*	Incluindo o make específico para VC++ e definindo explicitamente as regras de compilação.

ns_tcl.cc	*/ns-allinone-2.3x/ns-2.3x/gen/*	Verificar o executável tclsh e configurar a versão errada do tclsh pode quebrar os conjuntos de testes do NS-2.
FICHEIROS	*/ns-allinone-2.3x/ns-2.3x/*	Arquivar as raízes de todos os cabeçalhos, ferramentas e ficheiros de origem.
tcp-fs.h	*/ns-allinone-2.3x/ns-2.3x/tcp/*	Identificar as classes de todas as variantes de origem TCP.

APÊNDICE B

Código fonte do tcp-rapid.cc

```
/* -*-      Mode:C++; c-basic-offset:8; tab-width:8; indent-tabs-mode:t -
*- */
/*
 * Copyright (c) 1990, 1997 Regents of the University of California.
 * All rights reserved.
 *
 * Redistribution and use in source and binary forms are permitted
 * provided that the above copyright notice and this paragraph are
 * duplicated in all such forms and that any documentation,
 * advertising materials, and other materials related to such
 * distribution and use acknowledge that the software was developed
 * by the University of California, Lawrence Berkeley Laboratory,
 * Berkeley, CA.  The name of the University may not be used to
 * endorse or promote products derived from this software without
 * specific prior written permission.
 * THIS SOFTWARE IS PROVIDED ``AS IS'' AND WITHOUT ANY EXPRESS OR
 * IMPLIED WARRANTIES, INCLUDING, WITHOUT LIMITATION, THE IMPLIED
 * WARRANTIES OF MERCHANTIBILITY AND FITNESS FOR A PARTICULAR PURPOSE.
 */

#ifndef lint
static const char rcsid[] =
    "@(#) /home/ctk21/cvsroot//hssstcp/ns/ns-2.1b9/tcp/tcp-rapid.cc,v 1.2
2002/08/12 10:43:58 ctk21 Exp (PSC)";
#endif

#include <stdio.h>
#include <stdlib.h>
#include <sys/types.h>

#include "ip.h"
#include "tcp.h"
#include "flags.h"
#include "scoreboard.h"
#include "random.h"
#include "tcp-rapid.h"
#include "template.h"

static class RapidTcpClass : public TclClass {
public:
      RapidTcpClass() : TclClass("Agent/TCP/Rapid") {}
      TclObject* create(int, const char*const*) {
            return (new RapidTcpAgent());
```

```
}
} class_rapid;


RapidTcpAgent::RapidTcpAgent() :    timeout_(FALSE), wintrim_(0),
      wintrimmult_(.5), rampdown_(0), rapid_(-1), retran_data_(0),
      ss_div4_(0)       // What about fastrecov_ and scb_
{
      bind_bool("ss-div4_", &ss_div4_);
      bind_bool("rampdown_", &rampdown_);
      scb_ = new ScoreBoard(new ScoreBoardNode[SBSIZE],SBSIZE);
}

RapidTcpAgent::~RapidTcpAgent(){
      delete [] scb_;
}

int RapidTcpAgent::window()
{
      int win;
      win = int((cwnd_ < wnd_ ? (double) cwnd_ : (double) wnd_) +
wintrim_);
      return (win);
}

void RapidTcpAgent::reset ()
{
      scb_->ClearScoreBoard();
      TcpAgent::reset ();
}

/*
 * Process a dupack.
 */
void RapidTcpAgent::oldack(Packet* pkt)
{
      hdr_tcp *tcph = hdr_tcp::access(pkt);

      last_ack_ = tcph->seqno();
      highest_ack_ = last_ack_;
      rapid_ = max(rapid_,highest_ack_);
      /*
       * There are conditions under which certain versions of TCP (e.g.,
tcp-fs)
       * retract maxseq_. The following line of code helps in those
cases. For
       * versions of TCP, it is a NOP.
*/
      maxseq_ = max(maxseq_, highest_ack_);
      if (t_seqno_ < last_ack_ + 1)
            t_seqno_ = last_ack_ + 1;
      newtimer(pkt);
      if (rtt_active_ && tcph->seqno() >= rtt_seq_) {
            rtt_active_ = 0;
            t_backoff_ = 1;
      }
      /* with timestamp option */
```

```
double tao = Scheduler::instance().clock() - tcph->ts_echo();
      rtt_update(tao);
      if (ts_resetRTO_) {
            // From Andrei Gurtov
            // rapid has not been updated to make sure the ECN works
            //   correctly in this case - Sally.
            t_backoff_ = 1;
      }
      /* update average window */
      awnd_ *= 1.0 - wnd_th_;
      awnd_ += wnd_th_ * cwnd_;
      /* if the connection is done, call finish() */
      if ((highest_ack_ >= curseq_-1) && !closed_) {
            closed_ = 1;
            finish();
      }
}


int RapidTcpAgent::maxsack(Packet *pkt)
{
      hdr_tcp *tcph = hdr_tcp::access(pkt);
      int maxsack=-1, sack_index;

      for (sack_index=0; sack_index < tcph->sa_length(); sack_index++) {
            if (tcph->sa_right(sack_index) > maxsack)
                  maxsack = tcph->sa_right(sack_index);
      }
      return (maxsack-1);
}


void RapidTcpAgent::recv_newack_helper(Packet *pkt) {
      newack(pkt);
      opencwnd();
      /* if the connection is done, call finish() */
      if ((highest_ack_ >= curseq_-1) && !closed_) {
            closed_ = 1;
            finish();
      }
}

void RapidTcpAgent::recv(Packet *pkt, Handler*)
{
      hdr_tcp *tcph = hdr_tcp::access(pkt);
      int ms;

#ifdef notdef
      if (pkt->type_ != PT_ACK) {
            Tcl::instance().evalf("%s error \"received non-ack\"",
                                  name());
            Packet::free(pkt);
            return;
      }
#endif
```

```
ts_peer_ = tcph->ts();
      if (hdr_flags::access(pkt)->ecnecho() && ecn_)
            ecn(tcph->seqno());
      recv_helper(pkt);

      if (!fastrecov_) {      // Not in fast recovery
            if ((int)tcph->seqno() > last_ack_ && tcph->sa_length() == 0)
{
                  /*
                   * regular ACK not in fast recovery... normal
                   */
                  recv_newack_helper(pkt);
                  rapid_ = last_ack_;
                  timeout_ = FALSE;
                  scb_->ClearScoreBoard();
                  retran_data_ = 0;
                  wintrim_ = 0;
            } else if ((int)tcph->seqno() < last_ack_) {
                  // Do nothing; ack may have been misordered

            } else {
                  retran_data_ -= scb_->UpdateScoreBoard (highest_ack_,
tcph);
                  oldack(pkt);
                  ms = maxsack(pkt);
                  if (ms > rapid_)
                        rapid_ = ms;
                  if (rapid_ >= t_seqno_)
                        t_seqno_ = rapid_ + 1;
                  dupacks_ = (rapid_ - last_ack_) - 1;
                  /*
                   * a duplicate ACK
                   */
                  if (dupacks_ >= numdupacks_) {
                        /*
                         * Assume we dropped just one packet.
                         * Retransmit last ack + 1
                         * and try to resume the sequence.
                         */
                        recover_ = t_seqno_;
                        last_cwnd_action_ = CWND_ACTION_DUPACK;
                        if ((ss_div4_ == 1) && (cwnd_ <= ssthresh_ + .5))
{
                              cwnd_ /= 2;
                              wintrimmult_ = .75;
                        } else {
                              wintrimmult_ = .5;
                        }
                        slowdown(CLOSE_SSTHRESH_HALF|CLOSE_CWND_RESTART);

                        if (rampdown_) {
                              wintrim_ = (t_seqno_ - rapid_ - 1) *
wintrimmult_;
                        }
                        reset_rtx_timer(1,0);
                        fastrecov_ = TRUE;
```

```
                    scb_->MarkRetran (last_ack_+1, t_seqno_);
                    retran_data_++;
                    output(last_ack_ + 1, TCP_REASON_DUPACK);
               }
          }
          if (dupacks_ == 0)
               send_much(FALSE, 0, maxburst_);
     } else {
          // we are in fast recovery
          oldack(pkt);
          ms = maxsack(pkt);
          if (ms > rapid_) {
               if (rampdown_) {
                    wintrim_ -= ((float)ms - (float)rapid_)*
wintrimmult_;
                    if (wintrim_< 0)
                         wintrim_ = 0;
               }
               rapid_ = ms;
          }

          if (rapid_ >= t_seqno_)
               t_seqno_ = rapid_ + 1;

          retran_data_ -= scb_->UpdateScoreBoard (highest_ack_, tcph);

          // If the retransmission was lost again, timeout_ forced to
TRUE
          // if timeout_ TRUE, this shuts off send()
          timeout_ |= scb_->CheckSndNxt (tcph);

          opencwnd();

          if (retran_data_ < 0) {
               printf("Error, retran_data_ < 0");
          }

          if ((int)tcph->sa_length() == 0 && (last_ack_ >= recover_)) {
               // No SACK blocks indicates fast recovery is over
               fastrecov_ = FALSE;
               timeout_ = FALSE;
               scb_->ClearScoreBoard();
               retran_data_ = 0;
               wintrim_ = 0;
               dupacks_ = 0;
          }
          send_much(FALSE, 0, maxburst_);
     }

     Packet::free(pkt);
#ifdef notyet
     if (trace_)
          plot();
#endif
}
```

```
void RapidTcpAgent::timeout(int tno)
{
	if (tno == TCP_TIMER_RTX) {
		if (highest_ack_ == maxseq_ && !slow_start_restart_) {
			/*
			 * TCP option:
			 * If no outstanding data, then don't do anything.
			 */
			return;
		};
		// Do not clear fastrecov_ or alter recover_ variable
		timeout_ = FALSE;
		if (highest_ack_ > last_ack_)
			last_ack_ = highest_ack_;
#ifdef DEBUGSACK1A
		printf ("timeout. highest_ack: %d seqno: %d\n",
			highest_ack_, t_seqno_);
#endif
		retran_data_ = 0;
		last_cwnd_action_ = CWND_ACTION_TIMEOUT;
		/* if there is no outstanding data, don't cut down ssthresh_
*/
		if (highest_ack_ == maxseq_ && restart_bugfix_)
			slowdown(CLOSE_CWND_INIT);
		else {
			// close down to 1 segment
			slowdown(CLOSE_SSTHRESH_HALF|CLOSE_CWND_RESTART);
		}
		scb_->ClearScoreBoard();
		/* if there is no outstanding data, don't back off rtx timer
*/
		if (highest_ack_ == maxseq_)
			reset_rtx_timer(TCP_REASON_TIMEOUT,0);
		else
			reset_rtx_timer(TCP_REASON_TIMEOUT,1);
		rapid_ = last_ack_;
		t_seqno_ = last_ack_ + 1;
		send_much(0, TCP_REASON_TIMEOUT);
	} else {
		TcpAgent::timeout(tno);
	}
}


void RapidTcpAgent::send_much(int force, int reason, int maxburst)
{
	register int found, npacket = 0;
	send_idle_helper();
	int win = window();
	int xmit_seqno;

	if (!force && delsnd_timer_.status() == TIMER_PENDING)
		return;
	/*
	 * If TCP_TIMER_BURSTSND is pending, cancel it. The timer is
	 * set again, if necessary, after the maxburst pakts have been
	 * sent out.
```

```
*/
      if (burstsnd_timer_.status() == TIMER_PENDING)
            burstsnd_timer_.cancel();
      found = 1;
      /*
* as long as the pipe is open and there is app data to send...
*/
      while (( t_seqno_ <= rapid_ + win - retran_data_) && (!timeout_)) {
            if (overhead_ == 0 || force) {
                  found = 0;
                  xmit_seqno = scb_->GetNextRetran ();
#ifdef DEBUGSACK1A
                  printf("highest_ack: %d xmit_seqno: %d timeout: %d
seqno: %d rapid: % d win: %d retran_data: %d\n",
                         highest_ack_, xmit_seqno, timeout_, t_seqno_,
rapid_, win, retran_data_);
#endif

                  if (xmit_seqno == -1) {  // no retransmissions to send
                        /*
                         * if there is no more application data to send,
                         * do nothing
                         */
                        if (t_seqno_ >= curseq_)
                              return;
                          /* if window-limited */
                        if (fastrecov_ &&
                              t_seqno_>highest_ack_+int(wnd_))
                              break;
                        found = 1;
                        xmit_seqno = t_seqno_++;
#ifdef DEBUGSACK1A
                        printf("sending %d fastrecovery: %d win %d\n",
                               xmit_seqno, fastrecov_, win);
#endif
                  } else {
                        found = 1;
                        scb_->MarkRetran (xmit_seqno, t_seqno_);
                        retran_data_++;
                        win = window();
                  }
                  if (found) {
                        output(xmit_seqno, reason);
                        if (t_seqno_ <= xmit_seqno) {
                              printf("Hit a strange case 2.\n");
                              t_seqno_ = xmit_seqno + 1;
                        }
                        npacket++;
                  }
            } else if (!(delsnd_timer_.status() == TIMER_PENDING)) {
                  /*
                   * Set a delayed send timeout.
                   */
```

```
delsnd_timer_.resched(Random::uniform(overhead_));
                  return;
            }
            if (maxburst && npacket == maxburst)
                  break;
      } /* while */
      /* call helper function */
      send_helper(maxburst);
}

/*
 * open up the congestion window -- Hack hack hack
 */
void RapidTcpAgent::opencwnd()
{
      TcpAgent::opencwnd();

      // if maxcwnd_ is set (nonzero), make it the cwnd limit
      if (maxcwnd_ && (int (cwnd_) > maxcwnd_))
            cwnd_ = maxcwnd_;
}


void RapidTcpAgent::plot()
{
#ifdef notyet
      double t = Scheduler::instance().clock();
      sprintf(trace_->buffer(), "t %g %d rtt %g\n",
            t, class_, t_rtt_ * tcp_tick_);
      trace_->dump();
      sprintf(trace_->buffer(), "t %g %d dev %g\n",
            t, class_, t_rttvar_ * tcp_tick_);
      trace_->dump();
      sprintf(trace_->buffer(), "t %g %d win %f\n", t, class_, cwnd_);
      trace_->dump();
      sprintf(trace_->buffer(), "t %g %d bck %d\n", t, class_,
t_backoff_);
      trace_->dump();
#endif
}
```

APÊNDICE C

Código fonte de tcp-rapid.h

```
/* -*-      Mode:C++; c-basic-offset:8; tab-width:8; indent-tabs-mode:t -
*- */
/*
 * Copyright (c) 1997 The Regents of the University of California.
 * All rights reserved.
 *
 * Redistribution and use in source and binary forms, with or without
 * modification, are permitted provided that the following conditions
 * are met:
 * 1. Redistributions of source code must retain the above copyright
 *    notice, this list of conditions and the following disclaimer.
 * 2. Redistributions in binary form must reproduce the above copyright
 *    notice, this list of conditions and the following disclaimer in the
 *    documentation and/or other materials provided with the
distribution.
 * 3. All advertising materials mentioning features or use of this
software
 *    must display the following acknowledgement:
 *      This product includes software developed by the Network Research
 *      Group at Lawrence Berkeley National Laboratory.
 * 4. Neither the name of the University nor of the Laboratory may be
used
 *    to endorse or promote products derived from this software without
 *    specific prior written permission.
 *
 * THIS SOFTWARE IS PROVIDED BY THE REGENTS AND CONTRIBUTORS ``AS IS''
AND
 * ANY EXPRESS OR IMPLIED WARRANTIES, INCLUDING, BUT NOT LIMITED TO, THE
 * IMPLIED WARRANTIES OF MERCHANTABILITY AND FITNESS FOR A PARTICULAR
PURPOSE
 * ARE DISCLAIMED.  IN NO EVENT SHALL THE REGENTS OR CONTRIBUTORS BE
LIABLE
 * FOR ANY DIRECT, INDIRECT, INCIDENTAL, SPECIAL, EXEMPLARY, OR
CONSEQUENTIAL
 * DAMAGES (INCLUDING, BUT NOT LIMITED TO, PROCUREMENT OF SUBSTITUTE
GOODS
 * OR SERVICES; LOSS OF USE, DATA, OR PROFITS; OR BUSINESS INTERRUPTION)
?
```

```
* HOWEVER CAUSED AND ON ANY THEORY OF LIABILITY, WHETHER IN CONTRACT,
STRICT
 * LIABILITY, OR TORT (INCLUDING NEGLIGENCE OR OTHERWISE) ARISING IN ANY
WAY
 * OUT OF THE USE OF THIS SOFTWARE, EVEN IF ADVISED OF THE POSSIBILITY OF
 * SUCH DAMAGE.
 *
 * @(#) /home/ctk21/cvsroot//hssstcp/ns/ns-2.1b9/tcp/tcp-rapid.h,v 1.2
2002/08/12 10:44:38 ctk21 Exp (LBL)
 */

#ifndef ns_tcp_rapid_h
#define ns_tcp_rapid_h

#include "tcp.h"
#include "scoreboard.h"

#define TRUE    1
#define FALSE   0
#define RECOVER_DUPACK  1
#define RECOVER_TIMEOUT 2
#define RECOVER_QUENCH  3

/* TCP rapid */
class RapidTcpAgent : public TcpAgent {
 public:
	RapidTcpAgent();
	virtual ~RapidTcpAgent();
	virtual void recv(Packet *pkt, Handler*);
	virtual void timeout(int tno);
	virtual void opencwnd();
	virtual int window();
	void oldack (Packet* pkt);
	int maxsack (Packet* pkt);
	void plot();
	void reset();
	virtual void send_much(int force, int reason, int maxburst = 0);
	virtual void recv_newack_helper(Packet* pkt);
 protected:
	u_char timeout_;  /* flag: sent pkt from timeout; */
	u_char fastrecov_;      /* flag: in fast recovery */
	double wintrim_;
	double wintrimmult_;
	int rampdown_;
	int rapid_;
	int retran_data_;
	int ss_div4_;

	ScoreBoard* scb_;
	static const int SBSIZE=1024;
};


#endif
```

APÊNDICE D

Código fonte de tcp-fs.h

```
/* -*-      Mode:C++; c-basic-offset:8; tab-width:8; indent-tabs-mode:t -
*- */
/*
 * Copyright (c) 1997 Regents of the University of California.
 * All rights reserved.
 *
 * Redistribution and use in source and binary forms, with or without
 * modification, are permitted provided that the following conditions
 * are met:
 * 1. Redistributions of source code must retain the above copyright
 *    notice, this list of conditions and the following disclaimer.
 * 2. Redistributions in binary form must reproduce the above copyright
 *    notice, this list of conditions and the following disclaimer in the
 *    documentation and/or other materials provided with the
distribution.
 * 3. All advertising materials mentioning features or use of this
software
 *    must display the following acknowledgement:
 *    This product includes software developed by the Daedalus Research
 *    Group at the University of California Berkeley.
 * 4. Neither the name of the University nor of the Laboratory may be
used
 *    to endorse or promote products derived from this software without
 *    specific prior written permission.
 *
 * THIS SOFTWARE IS PROVIDED BY THE REGENTS AND CONTRIBUTORS ``AS IS''
AND
 * ANY EXPRESS OR IMPLIED WARRANTIES, INCLUDING, BUT NOT LIMITED TO, THE
 * IMPLIED WARRANTIES OF MERCHANTABILITY AND FITNESS FOR A PARTICULAR
PURPOSE
 * ARE DISCLAIMED.  IN NO EVENT SHALL THE REGENTS OR CONTRIBUTORS BE
LIABLE
 * FOR ANY DIRECT, INDIRECT, INCIDENTAL, SPECIAL, EXEMPLARY, OR
CONSEQUENTIAL
 * DAMAGES (INCLUDING, BUT NOT LIMITED TO, PROCUREMENT OF SUBSTITUTE
GOODS
 * OR SERVICES; LOSS OF USE, DATA, OR PROFITS; OR BUSINESS INTERRUPTION)
 * HOWEVER CAUSED AND ON ANY THEORY OF LIABILITY, WHETHER IN CONTRACT,
STRICT
```

```
* LIABILITY, OR TORT (INCLUDING NEGLIGENCE OR OTHERWISE) ARISING IN ANY
WAY
 * OUT OF THE USE OF THIS SOFTWARE, EVEN IF ADVISED OF THE POSSIBILITY OF
 * SUCH DAMAGE.
 *
 * Contributed by the Daedalus Research Group, U.C.Berkeley
 * http://daedalus.cs.berkeley.edu
 */

#ifndef ns_tcp_fs_h
#define ns_tcp_fs_h

#include "tcp.h"
#include "ip.h"
#include "flags.h"
#include "random.h"
#include "template.h"
#include "tcp-fack.h"
#include "tcp-rapid.h"

class ResetTimer : public TimerHandler {
public:
	ResetTimer(TcpAgent *a) : TimerHandler() { a_ = a; }
protected:
	virtual void expire(Event *e);
	TcpAgent *a_;
};

/* TCP-FS with Tahoe */
class TcpFsAgent : public virtual TcpAgent {
public:
	TcpFsAgent() : t_exact_srtt_(0), t_exact_rttvar_(0),
last_recv_time_(0),
		fs_startseq_(0), fs_endseq_(0), fs_mode_(0),
count_bytes_acked_(0),
		reset_timer_(this)
	{
		bind_bool("fast_loss_recov_", &fast_loss_recov_);
		bind_bool("fast_reset_timer_", &fast_reset_timer_);
		bind_bool("count_bytes_acked_", &count_bytes_acked_);
		bind_bool("fs_enable_", &fs_enable_);
	}

	/* helper functions */
	virtual void output_helper(Packet* pkt);
	virtual void recv_helper(Packet* pkt);
	virtual void send_helper(int maxburst);
	virtual void send_idle_helper();
	virtual void recv_newack_helper(Packet* pkt);
	virtual void partialnewack_helper(Packet*) {};

	virtual void set_rtx_timer();
	virtual void cancel_rtx_timer();
	virtual void cancel_timers();
	virtual void timeout_nonrtx(int tno);
	virtual void timeout_nonrtx_helper(int tno);
```

```
double rtt_exact_timeout() { return (t_exact_srtt_ + 4*t_exact_rttvar_);}
protected:
      double t_exact_srtt_;
      double t_exact_rttvar_;
      double last_recv_time_;
      int fs_startseq_;
      int fs_endseq_;
      int fs_mode_;
      int fs_enable_;
      int fast_loss_recov_;
      int fast_reset_timer_;
      int count_bytes_acked_;
      ResetTimer reset_timer_;
};

/* TCP-FS with Reno */
class RenoTcpFsAgent : public RenoTcpAgent, public TcpFsAgent {
public:
      RenoTcpFsAgent() : RenoTcpAgent(), TcpFsAgent() {}

      /* helper functions */
      virtual void output_helper(Packet* pkt)
{TcpFsAgent::output_helper(pkt);}
      virtual void recv_helper(Packet* pkt)
{TcpFsAgent::recv_helper(pkt);}
      virtual void send_helper(int maxburst)
{TcpFsAgent::send_helper(maxburst);}
      virtual void send_idle_helper() {TcpFsAgent::send_idle_helper();}
      virtual void recv_newack_helper(Packet* pkt)
{TcpFsAgent::recv_newack_helper(pkt);}

      virtual void set_rtx_timer() {TcpFsAgent::set_rtx_timer();}
      virtual void cancel_rtx_timer() {TcpFsAgent::cancel_rtx_timer();}
      virtual void cancel_timers(){TcpFsAgent::cancel_timers();}
      virtual void timeout_nonrtx(int tno)
{TcpFsAgent::timeout_nonrtx(tno);}
      virtual void timeout_nonrtx_helper(int tno);
};

/* TCP-FS with NewReno */
class NewRenoTcpFsAgent : public virtual NewRenoTcpAgent, public
TcpFsAgent {
public:
      NewRenoTcpFsAgent() : NewRenoTcpAgent(), TcpFsAgent() {}

      /* helper functions */
      virtual void output_helper(Packet* pkt)
{TcpFsAgent::output_helper(pkt);}
      virtual void recv_helper(Packet* pkt)
{TcpFsAgent::recv_helper(pkt);}
      virtual void send_helper(int maxburst)
{TcpFsAgent::send_helper(maxburst);}
      virtual void send_idle_helper() {TcpFsAgent::send_idle_helper();}
```

```
virtual void recv_newack_helper(Packet* pkt)
{TcpFsAgent::recv_newack_helper(pkt);}
      virtual void partialnewack_helper(Packet* pkt);

      virtual void set_rtx_timer() {TcpFsAgent::set_rtx_timer();}
      virtual void cancel_rtx_timer() {TcpFsAgent::cancel_rtx_timer();}
      virtual void cancel_timers(){TcpFsAgent::cancel_timers();}
      virtual void timeout_nonrtx(int tno)
{TcpFsAgent::timeout_nonrtx(tno);}
      virtual void timeout_nonrtx_helper(int tno);
};

#ifdef USE_FACK
/* TCP-FS with Fack */
class FackTcpFsAgent : public FackTcpAgent, public TcpFsAgent {
public:
      FackTcpFsAgent() : FackTcpAgent(), TcpFsAgent() {}

      /* helper functions */
      virtual void output_helper(Packet* pkt)
{TcpFsAgent::output_helper(pkt);}
      virtual void recv_helper(Packet* pkt)
{TcpFsAgent::recv_helper(pkt);}
      virtual void send_helper(int maxburst);
      virtual void send_idle_helper() {TcpFsAgent::send_idle_helper();}
      virtual void recv_newack_helper(Packet* pkt)
{TcpFsAgent::recv_newack_helper(pkt);}
      virtual void set_rtx_timer() {TcpFsAgent::set_rtx_timer();}
      virtual void cancel_rtx_timer() {TcpFsAgent::cancel_rtx_timer();}
      virtual void cancel_timers(){TcpFsAgent::cancel_timers();}
      virtual void timeout_nonrtx(int tno)
{TcpFsAgent::timeout_nonrtx(tno);}
      virtual void timeout_nonrtx_helper(int tno);
};
#endif


#ifdef USE_RAPID
/* TCP-FS with Rapid */
class RapidTcpFsAgent : public RapidTcpAgent, public TcpFsAgent {
public:
      RapidTcpFsAgent() : RapidTcpAgent(), TcpFsAgent() {}

      /* helper functions */
      virtual void output_helper(Packet* pkt)
{TcpFsAgent::output_helper(pkt);}
      virtual void recv_helper(Packet* pkt)
{TcpFsAgent::recv_helper(pkt);}
      virtual void send_helper(int maxburst);
      virtual void send_idle_helper() {TcpFsAgent::send_idle_helper();}
      virtual void recv_newack_helper(Packet* pkt)
{TcpFsAgent::recv_newack_helper(pkt);}
      virtual void set_rtx_timer() {TcpFsAgent::set_rtx_timer();}
```

```
virtual void cancel_rtx_timer() {TcpFsAgent::cancel_rtx_timer();}
      virtual void cancel_timers(){TcpFsAgent::cancel_timers();}
      virtual void timeout_nonrtx(int tno)
{TcpFsAgent::timeout_nonrtx(tno);}
      virtual void timeout_nonrtx_helper(int tno);
};
#endif


#endif
```

APÊNDICE E

Código fonte do teste rápido TCP

```
set ns [new Simulator]

set nd [open out.tr w]
$ns trace-all $nd

set f0 [open Node0-cwnd.tr w]



proc finish {} {
        global ns nd f0

        $ns flush-trace

        close $nd
        close $f0

        exec xgraph  Node0-cwnd.tr -y "Kbyte" -x "Second" -t Rapid-Test -
m -lw 0 -bg White -geometry 410x300 &

 exit 0
}

proc record {tcp_} {
      global ns f0
      upvar $tcp_ tcp

      set now [$ns now]
      puts $f0 "$now [$tcp(0) set cwnd_]"



      #$ns at [expr $now+0.01] "record tcp"
        $ns at [expr $now+0.3] "record tcp"

}

set r0 [$ns node]
set d0 [$ns node]
$ns duplex-link $r0 $d0 100Mb 5ms DropTail
$ns queue-limit $r0 $d0 64
################### Node0  ########################################
for {set i 0} {$i < 1} {incr i} {
      set s($i) [$ns node]
      set d($i) [$ns node]
      $ns duplex-link $s($i) $r0 8Mb 0.1ms DropTail
      set tcp($i) [new Agent/TCP/Rapid]
      set tcpsink($i) [new Agent/TCPSink]
      $ns attach-agent $s($i) $tcp($i)
      $ns attach-agent $d0 $tcpsink($i)
```

```
$ns connect $tcp($i) $tcpsink($i)
      $tcp($i) set fid_ $i
      $tcpsink($i) set fid_ $i
      $tcp($i) set window_ 128
      $tcp($i) set packetSize_ 1500
}
for {set i 0} {$i < 1} {incr i} {
      set ftp($i) [new Application/FTP]
      $ftp($i) attach-agent $tcp($i)

      #Schedule events for the FTP agents
      $ns at 0 "$ftp($i) start"
      $ns at 10.0 "$ftp($i) stop"
}

$ns at 0.0 "record tcp"
$ns at 10.0 "finish"
$ns run
```

Printed by Books on Demand GmbH, Norderstedt / Germany